세상은 당신의 명령을 기다리고 있습니다

by
Neville Goddard

우리에게 주어진 유일한 과업은

자신의 관념을

위대함으로 채우는 일뿐이다

서른세개의 계단 출판사

사색에만 빠진 철학은 삶과의 괴리를 만들고, 현실의 이익에만 눈을
돌린 자기계발은 삶의 의미를 잃고 방황하게 만듭니다.
그래서 실천적인 형이상학, 즉 현실에 도움이 되면서
삶의 의미를 명확하게 할 수 있는 책을 발간하고자 하는 것이
서른세개의 계단 출판사 목표입니다.

목차

이 진리를 받아들일 정도로 담대하다면,

여러분은 오늘 자유를 찾을 것입니다.

-네빌 고다드-

네빌 고다드의 삶과 가르침

Neville Goddard, 1905년 ~ 1972년

요약

네빌 고다드는 영국령 서인도제도 출생의 형이상학자이자 강연자이다. 현재의 수수께끼로 대두되는 끌어당김의 법칙을 1930년대부터 강연했다.

생애

서인도제도의 바베이도스에서 1905년 9남 1녀 중 넷째로 태어났다. 17살이 되던 해 드라마를 배우기 위해 미국으로 건너간다. 댄서 생활을 하던 중 친구가 소개해준 책을 통해 형이상학을 접한다. 형이상학에 대한 관심이 높아지던 중 당시 카발라, 성경의 비의적 해석, 히브리어, 상상의 법칙에 대해 강연하던 에티오피아 랍비인 압둘라를 만나게 된다. 그의 강의에 매료된 네빌은 7년 동안 매일 그에게 '법칙'에 관한 것들을 배운다. 그

후 자신이 깨달은 것과 경험한 것을 바탕으로 로스앤젤레스, 뉴욕, 샌프란시스코를 중심으로 미국 전역에 강연을 한다. 생소했던 강의는 점차 사람들의 눈길을 끌어, 만원사례를 이루게 된다.

법칙

그의 초반 강의의 핵심은 '상상이 현실을 창조한다'는 것이다. 이것을 법칙이라고 말한다.

압둘라는 네빌에게 두 번의 죽음이 올 것이라고 예언했는데, 여기서 죽음이란 과거의 시야에서 벗어나 완전히 새로운 시야를 갖게 되는 경험을 상징적으로 표현한 단어이다.

첫 번째 죽음은 그가 뉴욕에서 바베이도스에 가고 싶다는 소망이 생겼을 때이다. 그는 자신의 상상력을 사용해 소망을 현실로 만들어내는 첫 번째 경험을 하게 된다. 이로써 상상이 현실을 창조한다는 확신을 갖게 되면서 기존에 갖고 있던 미신적 생각에서 벗어나게 된다.

네빌은 압둘라에게 배웠던 '법칙'을 미국 전역에 강의한다. 그러던 중 그는 압둘라가 예언했던 또 한 번의 상징적인 죽음을 맞이하게 된다. 그것은 약속이다.

약속

네빌은 1959년부터 1260일에 걸쳐 일정한 내면의 경험을 갖는다. 그것은 자신 안에서 또 하나의 자아가 깨어나는 신비적이면서 상징적인 경험이었다. 그는 이렇게 말했다.

'나는 이것을 경험하기 전까지는 그 누구에게서 들어본 적도 없었습니다. 이 경험은 그 해 여름에 시작되어 3년 반 동안 진행되었습니다.'

이 경험을 겪은 후 1960년도와 1970년도의 강연에서는 법칙보다 약속을 더 강조했다.

"당신은 상상의 힘을 이용해서 자신의 환경을 바꿀 수 있습니다. 하지만 그것은 영원하지 않습니다. 상상력을 이용해서, 큰 부를 얻거나, 유명해지거나, 이런 일들을 할 수 있습니다. 하지만 당신이란 존재의 진짜 목적은 단지 이것만이 아닙니다. 바로 약속을 성취하는 것입니다."

삶과 죽음에 대한 관점

그는 죽음에 대해 이렇게 말했다.

"당신은 문을 열고 새로운 곳으로 가게 됩니다. 우린 그 문을 죽음이라고 말합니다. 죽음은 단지 그뿐입니다. 우리가 죽은 즉시, 다시 이 세상처럼 회복됩니다. 지금 이 땅에서 가졌던 것과 같은 문제를 지니면서 그 세상에서도 우리의 정체성을 이어가게 됩니다. 그곳에서도 성장하고, 결혼하고, 이곳에서 지녔던 죽음에 대한 공포도 똑같이 지닌 채 죽습니다. 만약 약속을 경험하지 못한 채 죽음을 겪게 된다면 자신의 과업을 가장 잘 성취할 수 있는 장소를 골라, 그곳에서 태어나 죽고, 태어나 죽고를 반복합니다. 그러다가 결국 당신 안에 그리스도가 태어나면 그때 당신은 부활의 아들이 되어 더 이상은 이 죽음의 세상에 돌아오지 않습니다."

그는 자신이 죽기 전 강의에서 이렇게 말했다.

"제게 주어진 시간이 짧다는 것을 전 압니다. 전 이 땅에서 제게 주어진 일들을 다 마쳤기 때문에 이곳을 떠나기를 열렬히 바라고 있습니다. 약속은 이미 제게서 이루어졌기에 전 이 3차원의 세상으로 다시 돌아오지는 않을 것입니다. 하지만 제가 어디에 있든, 저는 지금 이곳에서 여러분을 알아보는 것처럼 그곳에서도 여러분을 알아볼 것입니다. 왜냐하면 우리는 사랑이란 무한한 끈 안에 묶여 있는, 하나의 형제이기 때문입니다."

네빌은 1972년 10월 1일에 67세의 나이로 이 땅의 삶을 마쳤다.

압둘라의 또 다른 제자였던 조셉 머피는 네빌에 대해 이렇게 말했다.

결국 세상 사람들은
네빌을 가장 위대한 신비가로 기억할 것입니다.

역자 서문

텔레비전 프로그램에서 한 최면사가 초등학생 여자아이가 동전을 비스킷이라고 믿도록 최면을 거는 장면을 본 적이 있습니다. 아이는 최면 상태에서 동전을 비스킷이라고 인식했고, 믿기 어렵게도 아무런 힘도 들이지 않고 동전을 구부렸습니다. 역도 선수조차 하지 못하는 일을 아이가 자연스럽게 해내는 모습을 보면서, 우리의 인식의 힘이라는 것은 과연 무엇이며 그 한계는 어디까지일까 깊이 궁금해졌습니다.

최면에 걸린 아이와 평소의 아이의 차이는 단 하나, 동전을 어떻게 인식하느냐였습니다. 그렇다면 동전을 구부리게 한 그 괴력은 외부에서 주어진 힘도 아니라, 아이가 원래 가지고 있던 힘이 아니었을까요? 단지 그것을 밖으로 표출해 낸 것은 또, 인식의 변화가 아니었을까요?

> 진리는 우리 자신 안에 있으니,
> 그것은 그대가 믿고 있는,
> 외부에 나타난 것으로부터 솟아나지 아니하더라.
> 모든 이에게는 가장 깊은 곳의 중심부가 있고,
> 그곳에는 진리가 온전한 형태로 머물러 있으니,
> 깨우친다는 것은 그곳에 갇혀 있는
> 광채가 빠져 나올 수 있게끔
> 그 길을 열어주는 것이지,
> 외부에 있다고 여겨지는 빛이 들어가게끔
> 그 입구를 두드리는 것이 아니다.
>
> -브라우닝 : "파라켈수스"

네빌 고다드는 그 깊이를 알 수 없는 이런 무한한 인식의 힘을 상상을 통해 이끌어내는 것에 대해 가르쳤습니다. 그 인식의 변화는 단지 육체의 힘을 끌어내는 데서 끝나는 것이 아니라, 우리를 둘러싼 모든 환경에 영향을 준다고 말합니다.

우리는 항상 우리의 문제와 우리 자신의 단점을 강하게 인식하며 삽니다. 하지만 네빌 고다드의 말처럼 우리의 인식이라는 것이 세상에 힘을 부여하는 유일한 실체라면, 우리는 그 인식을 보다 풍요롭고, 아름답고, 강인한 것으로 만들어야 하는 것이 아닐까 합니다. 상상은 어쩌면 아직 우리에겐 현실로 다가오지 않은 것이지만, 그것을 현재로 만들어놓는다면 위에서 말했던 어린 아이처럼 우리는 믿는 자에게 모든 것이 가능한 힘을 발견할 수 있을지도 모릅니다.

네빌 고다드가 중요하게 생각한 점은, 이 법칙을 단순히 믿거나 단지 마음의 위안거리로 삼지 말고, 직접 시험해보는 것이었습니다. 설령 이 법칙을 믿지 못하더라도 법칙이 거짓임을 증명해보기 위해서 직접 해보라고 말합니다. 그렇게 했을 때 비로소 이 법칙의 진실이 드러나며, 그 때야 우리는 이 법칙을 앎의 차원을 넘어 삶의 든든한 기반으로 삼을 수 있게 됩니다.

이 법칙은 분명 우리의 삶을 크게 바꿀 수 있는 강력한 도구입니다. 그리고 내면 안에 감춰져 있던 큰 힘을 발견하게 되었을 때, 우리는 단지 물질적 풍요를 넘어 우리 삶을 조종해왔던 내면의 근원적 힘에 대해 더욱 깊이 탐구하게 될지도 모릅니다. 그때 우리는 어떤 가림막도 없이, 얼굴과 얼굴을 맞대듯 진정한 자아의 본성을 보게 될 것입니다.

이 책은 네빌 고다드가 1939년 첫 책으로 펴낸 『세상은 당신의 명령을 기다리고 있습니다(At Your Command)』을 비롯하여, 1953년에 강의한 '의식의 힘', '나의 느낌을 바꾸기', '최상의 지배권', '확실한 투자', 그리고 임종 무렵 강의한 '믿음으로 걸어라', '철면피', 마지막으로 『시크릿』에서도 소개된 '교정용 가지치기 가위'를 한 권으로 엮은 것입니다.

네빌의 강의는 우리가 세상을 바라보는 시선을 이전과 전혀 다른 각도에서 보게 합니다. 그러나 잠시의 감정적 고양에서 그치지 않고, 그

경이로운 시선을 계속 유지하고자 한다면, 네빌이 제시한 방법을 반드시 자신의 경험으로 직접 나타내야 합니다.

그때 우리는 세상을 바라보는 시선이 놀라울 만큼 순수해져서, 어떤 부정도 보이지 않고, 모든 것이 투명하게 다가오며, 어떤 것도 비난하지 않는 완전한 시선에 이르게 될 것이라고 네빌은 말합니다. 그리고 그것이 우리가 결국 갖추게 될 궁극적인 시선이라고 합니다.

2008년 이상민

“ 오늘의 부정적인 생각 하나를 가지치기 했을 때 내일의 정원은 아름다워집니다.

교정용 가지치기 가위 카페

http://cafe.naver.com/33neville

서른세개의계단 블로그

http://blog.naver.com/pathtolight

서른세개의계단 유튜브 채널

서른세개의계단 홈페이지

http://33steps.kr

AT YOUR COMMAND

세상은 당신의 명령을
기다리고 있습니다

이 책은 창조의 법칙에 대한 핵심을 담고 있습니다. 마음만 먹었다면 수백 쪽으로 늘릴 수도 있었겠지만, 그렇게 되면 이 책이 지닌 본래의 목적을 잃게 될 것입니다.

가장 효과적인 명령은 짧고 정확한 방식으로 이루어져야 합니다. 성경에서 기록된 가장 위대한 명령은 다음의 간단한 말 속에 담겨 있습니다.

그리고 하느님께서 말씀하시니,
"빛이 있으라."

이 원리에 따라, 제가 깨달은 바를 이 책을 읽는 여러분께 길지 않은 글로 전해드립니다.

-네빌 고다드

자신을 보다 위대한 관념으로 채우는 것은 어떻습니까?

하느님의 사랑, 풍요, 건강

그리고

여러분이 항상 바라던 것들로 말이죠.

자신을 낮게 평가하는 의식을 쉽게 가졌던 것처럼,

자신에게 위대함이라는 관념을 주는 것 역시 쉽습니다.

성경에서 하느님이 "있으라"고 명령한 것처럼, 우리 인간도 어떤 것에 대해 명령을 내리면 그것을 현실로 만들 수 있을까요? 분명 그럴 수 있습니다! 과거에 자신이 선포했던 것이 그때의 현실로 나타났고, 지금 선포하고 있는 것이 현재의 삶에서 모습을 드러내고 있습니다. 인간으로 존재하는 한, 앞으로도 계속해서 이런 일들을 하게 될 것입니다. 세상에 존재하는 어떤 것도, 우리가 그것이 있으라 명령하지도 않았는데 나타난 것은 하나도 없습니다. 여러분은 어쩌면 이 말을 부정할지 모릅니다. 그러나 그것이 거짓임을 증명하려 해도 결코 성공할 수 없습니다. 이 선포라는 것은 불변의 진리 위에 세워져 있기 때문입니다. 선포를 하기 위해 말을 할 필요도, 목소리를 높일 필요도 없습니다. 그런 공허한 반복은 오히려 자신이 그 반대편에서 있음을 증명할 뿐입니다. 선포는 의식 안에서 완성됩니다. 즉, 모든 인간은 자신이 선언한 그대로 자신을 인식하며 살아갑니다. 말을 하지 못하는 사람도, 자신이 벙어리가 된 것을 인식합니다. 그는 스스로 그렇게 되었다고 인식함으로써 그 상태를 선포한 것입니다.

이러한 관점으로 성경을 읽는다면, 그것이 지금까지 쓰인 모든 책 중 가장 위대한 과학적 진리서임을 깨닫게 될 것입니다. 단순히 성경을 고대에 일어났던 문명에 대한 기록이라든가, 예수님이라는 비범한 분의 일생을 적은 기록이라고 읽는 대신에 인간의 의식 속에서 펼쳐지는 위대한 마음의 드라마로 보십시오.

성경의 이야기를 자신의 이야기로 받아들인다면, 여러분의 세상은 이집트의 메마른 사막에서 가나안의 약속의 땅으로 단숨에 바뀔 것입니다.

하느님이 세상을 창조하셨다는 사실, 그리고 하느님이 아니었다면 어떤 창조도 일어나지 않았을 것이라는 데에는 누구나 동의할 것입니다. 다만 하느님이 어떤 존재인가에 대해서는 서로 의견을 달리하고 있습니다. 교회와 성직자들 모두, 하느님의 존재와 본성에 관해서는 달리 이야기합니다. 그러나 성경을 보면, 모세와 고대의 선지자들이 하느님의 존재와 본성에 대해 완전히 같은 관점을 가지고 있었다는 것을 알 수 있습니다. 또한 예수 그리스도의 삶과 가르침에 나타난 하느님 역시, 고대 선지자들이 깨달았던 하느님의 본성과 완전히 일치합니다.

"아이엠(I AM)이 나를 그대에게 보냈다"

(I AM hath sent me unto you)

사람들이 이해하지 못했던 이 말을 모세가 선포했을 때, 그는 하느님이 곧 인간의 '존재 의식'인 아이엠임을 깨달은 것이었습니다.

다윗도 시편에서 이렇게 노래했습니다.

"고요하라 그리고 내가(I AM) 하느님인 것을 알라"

이사야는 이렇게 선포했습니다.

"나는(I AM) 주이고, 나 외에 어떤 것도 없으며,
나 외에 어떤 신도 없다.
네가 나를 알지 못했을지라도,
내가 네 허리를 동여맸다. 내가 빛을 만들고
어둠과 평화도 만들고 재앙도 일으켰다.
나, 주가 이 모든 일을 행한다."

신약에서도 '존재 의식이 곧 하느님'이라는 진리가 수백 번에 걸쳐 언급됩니다. 그 중 몇 가지만 살펴보면 다음과 같습니다.

"나는(I AM) 목자이다. 나는(I AM) 문이다.
나는(I AM) 부활이요 생명이다. 나는(I AM) 길이다.
나는(I AM) 알파요 오메가이다.
나는(I AM) 시작이요 끝이다."

그리고 또 "그대는 나를(I AM) 무엇이라 말하는가?" 라고 말합니다.

"나 예수는 문이다" 혹은 "나 예수는 길이다" 라고 기록되어 있지 않습니다. 또한 "너희는 예수라 불리는 나를 누구라고 생각하느냐"라고 묻지도 않습니다.

성경은 분명히 이렇게 말합니다.

"나는(I AM) 길이다."

'존재의 의식'은 세상 모든 것이 형태를 띠게 하는 문입니다.

우리의 의식은 모든 것을 다시 살아나게 하는 부활의 권능입니다. 우리가 인식하는 것을 무덤에서 일으켜 세우는 권능, 그것이 바로 의식입니다.

인간은 자신이 인식하는 바를 외부 세계 속에 드러내고 있습니다. 자신을 속박 속에 가둘지, 한없이 자유롭게 할지는 오직 자신에게 달려 있습니다. 따라서 인식에 생명을 불어넣는 이 진리는 인간에게 자유를 줄 수도, 속박을 줄 수도 있습니다.

이 글을 읽는 여러분이 자신과 분리된 외부의 하느님에 대한 옛 믿음을 내려놓고, 자신의 의식을 하느님이라 선언한다면, 예수님이나 고대의 선지자들처럼 "나와 나의 하느님은 하나이다"라는 깨달음 속에서 여러분의 세계는 변모할 것입니다.

"나와 나의 아버지는 하나이다.
그러나 나의 아버지는 나보다 더 위대하시다."

어쩌면 이 말이 여러분을 혼란스럽게 만들 수도 있을 것입니다. 그러나 하느님을 우리의 '존재 의식'으로 이해한다면, 그 안에 담긴 깊은 의미를 발견하게 될 것입니다. 의식은 곧 하느님이기에 '아버지'입니다. 그리고 당신이 의식하는 것은 '아들'로서 자기 '아버지'를 증언합니다. 이는 사유하는 자와 그가 낳은 생각의 관계와 같습니다. 사유하는 자는 언제나 자신의 생각보다 위대하지만, 그 생각과는 분리되지 않습니다. 예를 들어, 당신은 자신을 인간이라 의식하기 전에 먼저 '존재한다'는 사실만을 의식합니다. 그 다음 비로소 자신을 인간이라 인식합니다. 여전히 스스로를 인간이라고 인식하면서도, 당신은 그 개념으로서의 인간보다 더 큰 '생각하는 자'로 남아 있습니다.

예수 그리스도는 이 위대한 진리를 깨닫고 자신이 하느님과 하나임을 선언했습니다. 물론 그것은 인간이 만들어낸 하느님을 뜻하지 않습니다. 그는 인간이 만들어낸 그런 신을 결코 인정하지 않았습니다. 이렇게 말합니다.

"어떤 이들이 다가와
'이쪽에 있다. 저쪽에 있다'라고 말하거든,
그 말을 믿지 말라.
하느님의 왕국은 그대 안에 있기 때문이다."

천국은 여러분 안에 있습니다. 그러므로 "예수께서 아버지 안으로 올라가셨다"는 구절은, '예수'라는 현재 관념의 한계를 초월해서, 오직 존재 그 자체만을 인식하는 상태까지 의식을 고양시킨 것을 뜻합니다.

예수 그리스도는 존재의 의식 안에서는 모든 것이 가능하다고 말했습니다.

"그대가 선포하면 그것은 이루어질 것이다."

그는 원하는 존재가 된 자신을 자연스럽게 느낄 만큼 의식이 고양된 상태를 '선포'라고 불렀습니다. 이렇게 말합니다.

"내가 들어 올려진다면,
모든 사람을 내게로 끌어올 것이다."

만약 내가 의식 안에서 원하는 상태의 자연스러움까지 고양된다면, 실현된 소망이 나에게 이끌려 올 것입니다. 또 이렇게 말합니다.

"내 안의 아버지가 이끌지 않으면
아무도 내게 올 수 없다. 나와 아버지는 하나다."

그러므로 의식은 여러분의 삶 속 모든 것을 끌어당겨오는 '아버지'입니다.

지금 이 순간, 여러분이 인식하고 있는 것은 여러분 세상 안으로 들어오고 있습니다.

"그대는 다시 태어나야만 한다"는 말뜻을 이제 이해할 수 있을 것입니다. 만약 지금의 상태가 마음에 들지 않는다면, 그것을 변화시킬 수 있는 유일한 방법은 현실처럼 느껴지는 현재의 상황에서 의식을 거두고, 원하는 의식 상태까지 고양시키는 것입니다.

여러분은 두 주인을 섬길 수 없습니다. 따라서 하나의 의식 상태에서 다른 의식 상태로 옮겨가는 것은, 옛 것에게는 죽음을 선언하고 새로운 것에는 생명의 숨을 불어넣는 행위입니다.

"그대는 나를(I AM) 무엇이라 부르는가?"

이것은 '예수'라는 인물이 '베드로'라는 제자에게 던진 질문이 아닙니다. 이것은 나의 참된 존재가 나의 외적 자아에게 던지는 영원한 질문입니다. 다르게 말하면, "당신은 스스로를 누구라 여기고 있는가?"라는 물음입니다. 스스로 규정해놓은 여러분에 대한 확신, 스스로 규정해놓은 여러분에 대한 신념이 여러분 삶에서 나타날 것들을 결정합니다.

"그대가 하느님을 믿는다면, 또한 나를 믿어라."

여기서 말하는 하느님은 바로 여러분 안에 존재하는 '나'입니다. 그렇다면 자신에게 없는 것을 외부의 하느님께 구하는 행위를 더 이상 기도라 부르지 않을 것입니다. 진정한 기도는 지금 이 순간, 당신이 바라는 존재가 이미 되었다고 '인식하는 것'입니다.

그렇다면 왜 수많은 사람들이 기도를 하지만 응답받지 못하고 있는지도 이해하셨을 것입니다. 사람들은 자신에게 없는 것을 하느님에게 구하기 때문입니다.

예를 들어 자신이 가난하다고 인정하면서 하느님께 부를 구한다면, 그 기도는 스스로를 가난한 존재로 규정하는 행위가 되어 결국 가난만을 끌어오게 됩니다.

성공적인 기도는 애원이어서는 안 되고, 자신을 새롭게 주장하는 것이어야 합니다. 만약 부유해지기를 원한다면 지금 감각이 전하는 가난의 증거를 거부한 채, 가난하다는 인상들로부터 완전히 등을 돌려야 합니다. 그리고 자신이 이미 부유하다는 사실을 받아들이십시오.

성경은 이렇게 말합니다.

> "그대가 기도를 할 때,
> 골방 안으로 들어가 문을 닫아라. 그러면
> 은밀한 곳에서 보고 계시는 그대의 아버지께서
> 그것들을 그대에게 숨김없이 줄 것이다."

우리는 '아버지'를 존재의 의식으로 정의했습니다. 또한 '문' 역시 존재의 의식을 뜻합니다. 따라서 '문을 닫는다'는 것은 지금 내가 인식하는 외부의 증거를 차단하고, 내가 되고자 하는 존재를 나 자신에게 선언하는 것을 의미합니다. 이러한 선언이 확신으로 굳어지면, 그때 여러분의 주변에는 그 선언을 증명하는 열매들이 맺히게 될 것입니다.

그것들이 어떻게 이루어질지는 묻지 마십시오. 인간은 그 길을 알지 못합니다. 즉, 이루어진 어떤 것들도 그것이 어떻게 나타나는지에 대해 알지 못합니다.

의식, 그것은 세상 모든 것이 드러나는 길이자 문입니다.

"나는(I AM) 길이다."

이 말을 했을 때 '나 아무개'가 길이라고 말한 것이 아니라, '의식(I AM)', 즉 존재의 의식이 모든 것이 나타나는 길이라고 말한 것입니다.

현상(기적)은 항상 뒤따릅니다. 결코 의식보다 앞서지 않습니다. 의식만이 유일한 실체입니다. 그러므로 먼저 의식을 얻으십시오. 그러면 그 의식이 반드시 현실 속에서 형체를 드러낼 것입니다.

"하늘나라의 왕국을 먼저 구하라.
그러면 모든 것이 그대에게 더해질 것이다."

여러분이 먼저 구해야 할 것은 소망한 것이 이루어진 의식입니다. 그리고 그것이 어떻게 이루어질지는 신경 쓰지 마십시오. 이것이 "그대가 선포하면 그것은 이루어질 것이다"라는 말의 참된 의미입니다.

이 원리를 실제로 적용해 보면, "나를 시험하고 보라"는 말이 무엇을 뜻하는지 깨닫게 될 것입니다.

마리아의 이야기 또한 우리 모두의 이야기입니다. 마리아는 '예수'라는 사람을 신비로운 방법으로 낳은 여인이 아닙니다. 마리아는 아무리 많은 소망을 낳더라도 언제나 처녀로 남아 있는 '존재의 의식'을 상징합니다. 그러므로 지금의 자신을 이 처녀 마리아로 보십시오. 자신의 의식을 남편 삼아 소망을 받아들이고, 그 소망과 하나 되어 그것을 잉태하고 출산하는 마리아입니다.

이야기를 해보면, 마리아(이제 여러분 자신을 뜻한다는 것을 아실 겁니다)는 어떤 남자도 알지 못했지만 아이를 잉태했습니다. 여러분이 품고 있는 소망을 이성적으로 바라보면, 그것이 이루어질 것이라고 믿기 어려울 것입니다. 그러나 여러분의 존재 의식이 곧 하느님임을 깨달았다면, 그 의식을 여러분의 남편으로 삼아 주님의 아이(현현)를 잉태하게 됩니다.

"그대를 지으신 이는 그대의 남편이시니
그분의 이름은 만군의 주님이시다.
그분은 온 땅의 주 하느님이라 일컬어지리라."

여러분의 이상과 야망은 이 이야기의 잉태된 태아입니다. 마리아에게 주어진 첫 번째 명령, 곧 여러분에게 주어진 명령은 다음과 같습니다.

"가서, 그 누구에게도 말하지 말라."

즉, 여러분의 야망이나 소망을 다른 이와 논하지 마십시오. 그들은 여러분 안의 두려움만을 되비쳐 줄 뿐이기 때문입니다. 소망을 현실로 이루기 위해 가장 먼저 지켜야 할 법칙은 비밀 유지입니다.

마리아가 받은 두 번째 명령은 이렇습니다.

"주를 크게 하라(Magnify the Lord)"

〈역주: 성경에서는 흔히 '주를 찬양하라'라고 번역됨〉

"주를 크게 하라"는 것은 현재의 자아관념을 새롭게 써내고 확장하여, 그것이 자연스럽게 내 일부가 되게끔 하라는 것입니다. 이렇게 자연스러운 느낌이 얻어졌을 때 의식 안에서 여러분과 하나된 것은 생명을 얻습니다.

창조의 이야기는 요한복음 1장에 간략히 요약되어 있습니다.

"태초에 말씀이 있었다."

'바로 지금'이 여기서 말한 '태초'입니다. 그것은 충동, 즉 욕망의 시작입니다. 욕망은 여러분의 의식 속에서 형체를 얻기 위해 헤엄치고 있습니다. 이것이 바로 '말씀'입니다.

욕망 그 자체는 실체가 없습니다. 왜냐하면 '아이엠(I AM)', 곧 존재의 의식만이 유일한 실체이기 때문입니다. 그러므로 내가 원하는 존재가 되었음을 의식할 때에만 욕망은 생명을 얻어 실체로 드러납니다. 따라서 욕망을 실현하려면 요한복음 1장 두 번째 구절을 적용해야 합니다.

"그리고 말씀은 하느님과 함께 계셨으니."

'말씀', 즉 욕망은 의식 속에 단단히 고정되어 완전히 하나가 될 때 비로소 실체를 얻습니다. '내가 원하는 존재가 되었음을 의식하는 것'은 내 의식을 그 형상에 못 박는 것이며, 그 개념에 생명을 불어넣어 지금껏 잠들어 있던 욕망을 부활시키는 일입니다.

"두 사람이 어떤 일에든 뜻을 함께 하면,
그것은 땅 위에서 이루어질 것이다."

여기서 뜻을 함께 한다는 것은 실제 두 사람 사이에 일어나는 일이 아닙니다. 이것은 의식과 이루고자 하는 대상 사이에서 이루어지는 합의를 뜻합니다. 여러분은 지금 '존재한다'는 사실을 인식하고 있으므로, 말로 하지 않아도 내면에서는 이미 스스로에게 "아이엠(I AM)," 즉 "나는 존재한다"라고 선언하고 있는 셈입니다. 만약 여러분이 건강을 원한다면, 아직 어떤 외적 증거가 없더라도 먼저 자신이 건강하다고 느끼기(FEEL) 시작해야 합니다. 그래서 "나는(I AM) 건강하다(healthy)"는 느낌이 완전히 자리 잡는 순간, 두 사람이 뜻을 같이하게 된 것입니다. 즉, '아이엠(I AM)'과 '건강(health)'이 하나가 되는 것에 동의를 했고, 그 결합으로 아이가 태어나는 것입니다. 이 경우 태어난 아이는 '건강'입니다. 이런 동의가 이루어졌기 때문에 아이의 모습은 현실에서 드러나게 됩니다.

이제 왜 모세가 "아이엠(I AM)이 나를 보냈다"라고 말했는지 이해했을 것입니다. 아이엠, 곧 나의 의식(I AM) 외에 어떤 것이 세상 속에 모습을 드러나게 할 힘이 있겠습니까? 의식 외에는 없습니다. 성경에서는 이렇게 말합니다.

"나는(I AM) 길이다. 나 외에는 어떤 것도 없다."

여러분이 하늘 위로 날아오르든, 지옥에서 자리를 마련하든, 그곳이 어디라도 여러분은 자신의 존재를 항상 인식합니다. 의식이 여러분의 모습을 드러나게 했고, 그 모습은 여러분이 인식하는 그대로입니다.

모세는 말합니다.

"나는 나라고 인식하는 존재이다(I AM that I AM)."

여기서 꼭 마음에 새겨야 할 것이 있습니다. 새 술을 낡은 부대에 담거나, 새 헝겊을 낡은 옷에 덧대서는 안 됩니다. 즉, 옛 자아의 어떤 부분도 새로운 의식 속으로 끌고 와서는 안 됩니다. 지금 여러분이 지닌 믿음, 두려움, 한계는 모두 여러분을 현재의 의식 수준에 묶어두는 무거운 족쇄입니다.

지금의 한계를 초월하기 위해서는, 여러분이 스스로에게 심어놓은 자아 관념을 뒤로 남기고 떠나야 합니다. 이를 위해 여러분은 당면한 문제와 한계로부터 의식을 거두고, 단지 '존재 그 자체' 안에 머물러야 합니다. 즉, 소리를 내지 않고 마음으로 "존재함(I AM)"을 느껴봅니다. 이 '존재'에 아직까지 어떤 관념도 주지 않습니다. 단지 스스로를 존재라고 선언하고, 얼굴도 없고 형체도 없는 존재에만 머문 느낌 속에 푹 빠질 때까지 이 선언을 계속하십시오.

의식의 확장이 이루어졌을 때 여러분 안의 이 형체 없는 깊은 곳에서, 원하는 존재가 되었다는 느낌을 통해 새로운 자아 관념에 생명을 불어넣으십시오.

이 깊은 상태 안에서 모든 것이 가능하다는 것을 알게 될 것입니다. 마음속에 품을 수 있는 것은 무엇이든, 이 형체 없는 의식 안에서 자연스럽게 이루어질 것입니다.

성경에서는 우리에게 이렇게 명령합니다.

"육체로부터 벗어나 주의 곁에 머물라."

'육체'는 지금까지 자신이 믿어온 자아 관념을, '주'는 존재의 의식을 의미합니다. 예수께서

니고데모에게 하신 말씀도 바로 이 뜻입니다.

"그대는 다시 태어나야만 한다.
왜냐하면 그대가 다시 태어나지 않는다면
하느님의 왕국에 들어갈 수 없기 때문이다."

곧, 현재의 자기 관념을 버리고 새롭게 태어난 본성을 받아들이지 않는다면, 지금의 한계만을 계속 바깥으로 드러내게 될 것입니다.

삶에서 나타난 것들을 변화시킬 수 있는 유일한 방법은 의식을 바꾸는 것뿐입니다. 의식은 여러분의 주변 모든 것에 끊임없이 형체를 부여하는 실체입니다. 인간의 세계는 세세한 부분에 이르기까지 의식이 바깥으로 비친 모습입니다.

여러분이 보고 있는 거울을 깨버린다고 해서 여러분의 모습을 바꿀 수 없는 것처럼 주변의 환경들을 부순다고 해서 지금 여러분을 둘러싼, 여러분의 세상을 변화시킬 수는 없습니다. 여러분을 둘러싼 모든 것은 여러분의 의식이 비춘대로 나타난 것입니다. 여러분이 그 의식 상태에 머무는 한, 그 상태는 계속해서 세상 속에 모습을 드러낼 것입니다.

이것을 이해했다면 자신을 새롭게 보기 시작하십시오. 우리는 우리 자신을 너무 낮게 평가합니다. 민수기에는 이런 말이 나옵니다.

"그날에는 땅 위에 거인들이 있었다.
우리가 스스로를 볼 때 메뚜기처럼 보니,
그들이 보기에도 메뚜기와 같더라."

이 이야기는 까마득한 옛날, 거인들이 살던 시대의 이야기가 아닙니다. 현재 우리들의 이야기입니다. 주위를 둘러보면 거인들이 살고 있습니다. 실업과 전쟁의 위협, 개인적인 문제들, 이런 모든 것이 여러분을 위축시키고 있습니다. 이것들이 바로 여러분을 메뚜기처럼 느끼게 만드는 거인들입니다.

그러나 중요한 점은, 여러분이 먼저 스스로를 메뚜기로 보았기 때문에 거인들 역시 여러분을 메뚜기로 보았다는 것입니다. 다시 말해, 여러분이 스스로를 어떻게 보느냐에 따라 다른 이의 눈에도 똑같이 비춰지게 됩니다.

그러므로 자신을 새롭게 평가하고, 스스로를 권능의 중심인 거인으로 느낀다면, 이전의 거인들은 작아져 메뚜기가 되고, 여러분이 거인이 됩니다.

"땅 위에 있는 모든 것이 아무것도 아닌 듯 되고,
하늘의 군대와 땅 위의 모든 것 가운데서
그분은 그분의 뜻대로 행하시더라.
그 누구도 그분의 손을 막을 수 없고, 그분께
'무엇을 하는 짓인가?'라고 말하지도 못하더라."

여기서 말하는 이는 우리가 흔히 말해오던 우주 어디선가 앉아 있는 하느님이 아닌, 영원한 우리의 아버지, 즉 우리의 의식을 말합니다.

여러분 존재가 지니고 있는 권능을 깨달으십시오. 그것은 인간으로서의 권능이 아닌 여러분의 진정한 자아인, 얼굴도 없고 형체도 없는 여러분의 의식을 말하며, 그 깨달음이 여러분을 속박에서 해방시킬 것입니다.

"나는 선한 목자이고,
나는 내 양들을 알고, 양들도 나를 안다.
내 양들은 내 음성을 듣고,
나는 그들을 알고 그들은 나를 따른다."

의식은 훌륭한 목자입니다. 내가 인식하고 있는 것이 바로 나를 따르는 '양'입니다. 여러분의 의식은, 여러분이 인식하고 있는 '양'을 단 한 번도 잃어버린 적이 없는 완벽한 목자입니다.

나는 인간의 혼란이라는 광야 속에서 울려 퍼지는 목소리이며, 내가 인식하고 있는 것들을 부르고 있습니다. 그래서 내가 인식하고 있는 것들 중 나를 찾아내지 못할 것은 절대 없을 것입니다. '나의 의식(I AM)'은 내가 인식한 모든 것이 들어오는 문입니다.

당신의 존재의식은 당신 삶의 주이며 목자입니다. 그래서 "주는 나의 목자이기에, 나는 부족한 것이 없으리라"는 구절은 올바른 관점에서 이해한다면 여러분의 의식을 두고 하는 말입니다. 여러분이 인식한 것은 언제나 증거를 동반합니다. 그 증거가 부족할 일이란 없습니다.

이 말이 사실이라면 자신을 보다 위대한 관념으로 채우는 것은 어떻습니까? 하느님의 사랑, 풍요, 건강 그리고 여러분이 항상 바라던 것들로 말이죠.

자신을 낮게 평가하는 의식을 쉽게 가졌던 것처럼, 자신에게 위대함이라는 관념을 주는 것 역시 쉽습니다. 여러분의 세상이 지금 이 모습을 한 이유는 현재 지니고 있는 의식 때문입니다. 간단합니다. 그렇지 않습니까? 너무 간단해서, 모든 것을 복잡하게 만들려 하는 인간의 지혜로는 받아들이기 어려울 정도입니다.

바울은 이 진리에 대해 이렇게 말합니다.

"그리스인들(이 세상의 지식을 구하는 자들)에게는
어리석은 것이 되고,
유대인들(기적을 구하는 자들)에게는
걸림돌이 되더라."

그 결과, 사람은 자신의 참된 존재를 깨닫지 못한 채 여전히 어둠 속을 헤매고 있습니다. 너무 오랫동안 자신이 만들어낸 신을 숭배해왔기 때문에, 이 진리를 처음 접하게 되면 신성 모독처럼 느낍니다. 왜냐하면 이 진리는 자신과 분리된 신에 대한 오래된 믿음에 종말을 고하기 때문입니다.

이 계시는 "나와 아버지는 하나이나, 아버지는 나보다 위대하시다"라는 지혜를 전해줍니다. 지금 여러분은 스스로가 만들어낸 현재의 관념과 하나가 되어 있지만 그 관념보다 더 위대한 존재입니다.

자신의 세상을 변화시키려면 기본이 되는 다음의 진리를 마음속에 확립시켜 놓아야 합니다.

"나는(I AM) 주(Lord)이다."

즉, 인간의 존재의식인 '아이엠(I AM)'이 바로 하느님입니다. 이 진리가 마음속에 확고히 자리잡아, 다른 이의 말이나 주장에도 흔들리지 않을 때까지, 늘 예전의 믿음이 만들어낸 한계라는 감옥 속에 갇힌 노예의 상태로 되돌아가고 맙니다.

"내가(I AM) 그(He)임을 믿지 못한다면,
그대는 그대의 죄 안에서 죽음을 맞이할 것이더라."

즉, 이 모든 혼란의 원인을 발견하기 전까지는 계속 혼란스럽고 좌절된 상태에 있게 될 것입니다.

인간의 아들이 들어 올려진다면, 그때 "나는 그"라는 사실을 알게 될 것입니다. 즉, 한 개인으로서의 나는 어떤 일도 할 수 없고, 오로지 나의 아버지, 곧 나와 하나가 된 의식만이 모든 일을 한다는 것을 알게 될 것입니다.

이것을 깨닫게 되면 여러분 안에서 솟아오르고 있는 모든 충동과 욕망은 여러분 세상에 모습을 드러낼 것입니다.

"보라, 나는 문 앞에 서있고 문을 두드리니,
누구라도 나의 목소리를 듣고 문을 열어준다면

그에게 들어가 그와 저녁을 먹고
그도 나와 함께할 것이다."

여기서 문을 두드리는 '나'는 충동이며, 문은 의식입니다. 문을 연다는 것은 원하는 존재가 되었다는 느낌을 받아들여, 그 충동과 하나 되는 것입니다.

지금 가슴속에서 피어난 욕망이 이루어지지 않을 것이라 느낀다면 문을 닫아 충동이 세상 안에서 나타나지 못하게 막는 것입니다. 그 존재가 되었다는 느낌이 자연스럽게 느껴지는 곳까지 의식을 고양시킨다면 문은 활짝 열리고 충동은 형체를 얻습니다.

그래서 성경은 예수 그리스도가 현현의 세계를 떠나 아버지께로 올라갔다고 기록합니다. 여러분과 저이기도 한 예수 그리스도는 한 인간으로서는 아무것도 할 수 없음을 알았습니다. 그러나 지금 바라고 있는 것들의 의식 상태가 바로 자신의 아버지임을 이해한 후에는, '예수라는 의식'을 떠나서, 의식 안에서 원하던 곳까지 솟아

올라 그것과 하나될 때까지 기다렸습니다. 그것과 하나되었을 때 소망은 세상 안에 모습을 드러냅니다.

이것이 예수 그리스도가 우리에게 전한 단순하고도 분명한 메시지입니다. 인간이란 단지 우리가 하느님으로 부르는 존재인, '개체성을 초월한 아이엠(I AM)'이 걸치고 있는 옷일 뿐이며, 그 옷은 고유의 한계를 지니고 있습니다.

여러분이 지금 '존 스미스'라는 한계를 지니고 있고 인간으로서 할 수 없다고 생각하는 것을 초월하여 표현하기 위해서는, 지금 자아 관념의 한계에서 의식을 제거하고, 원하는 존재가 되었다는 느낌 속에 자신을 녹여야 합니다.

이 욕망 혹은 새롭게 획득한 의식이 그 모습을 어떻게 세상에 드러내게 될지는 아무도 모릅니다. 왜냐하면 '나', 곧 새롭게 획득한 이 의식은 그대가 알지 못하는 길을 가지며, 그 길은 인간이 헤아릴 수 있는 범위를 넘어 있기 때문입니다. 이 의식이 어떤 방법으로 모습을 드러낼지에 대해서 생각하지 마십시오. 누구도 그 길을 알지 못합니다. 어떻게 이루어질 것인지에 대해 생각한다는 것은 원하는 상태와 하나가 되어 있지 못하고 의심으로 가득 차 있다는 것을 보여줄 뿐입니다. 이렇게 말합니다.

"지혜가 부족한 자는 하느님께 구하라.
그분은 꾸짖지 않고 모든 이에게 후히 주시리라.
그러나 의심하며 구하지는 말라.
의심하는 자는 바람에 흔들리는 물결 같으니,
그런 자는 주께 무엇도 받을 것이라 기대하지 말라."

이 말이 주어진 이유를 알 수 있습니다. 모든 것은 믿음의 반석 위에서만 세워집니다. 원하는 것에 대한 의식이 없다면, 그것이 세워질 원인도 기초도 갖추지 못한 것입니다.

다음과 같은 말이 나온다면, 우리는 의식이 확고하게 자리 잡혀 있다는 것을 보여줍니다.

"감사합니다, 아버지!"

만약 아직까지는 여러분의 감각기관을 통해 드러나지 않았지만 이미 받았다고 느끼며 감사할 수 있다면, 그렇게 감사하고 있는 것과 의식 속에서 확실하게 하나 된 것입니다.

하느님, 곧 당신의 의식은 속이지 않습니다. 여러분은 늘 자신이 인식한 것을 받고 있으며, 받은 적 없는 것에 감사하는 이는 아무도 없습니다.

"감사합니다, 아버지!"라는 말은 오늘날 많은 사람들이 사용하는 주문 같은 표현이 아닙니다. 굳이 소리 내어 말할 필요도 없습니다.

이 원리를 적용할 때, 원하는 것을 이미 받았다는 기쁨과 감사가 의식 안에서 진실로 느껴질 때까지 고양되면, 마음 깊은 곳에서 저절로 감사가 솟아납니다. 의식이 그 상태에 이르기 전에는 단지 욕망에 불과했던 선물을 여러분은 이미 받은 것이며, 이제 여러분의 믿음이 그 욕망에 형체를 부여합니다.

이렇게 의식 안에서 솟아오르는 것은 둘이 하나됨을 약속하는 영적인 결혼입니다. 그러면 그들을 닮은 아이는 이 땅 위에서 태어날 것입니다.

> "그대가 나의 이름 안에서 구하는 것은 무엇이든지, 나는 그것을 그대에게 주겠다."

'무엇이든지'는 조건 없이 무한한 것을 뜻합니다. 그것이 사회적으로 옳다고 여겨지는지, 그르다고 여겨지는지는 전혀 언급되지 않았습니다. 무엇을 선택하느냐는 온전히 여러분에게 달려 있습니다.

정말 그것을 원하십니까? 간절히 바라십니까? 그렇다면 충분합니다. 만약 여러분이 '그의 이름' 안에서 구한다면, 삶은 그것을 반드시 가져다줄 것입니다.

그의 이름은 소리를 내서 부르는 이름이 아닙니다. 하느님, 여호와, 예수 그리스도의 이름으로 끝없이 구해도 그것은 헛된 기도일 뿐입니다. '이름'은 곧 본성입니다. 그러므로 원하는 것의 본성과 하나 되어 구할 때, 결과는 반드시 따라

옵니다.

'이름 안에서 구한다'는 것은 의식을 높여 원하는 것의 본성과 하나 되는 것입니다. 그렇게 되면 그것은 바깥세상에 드러날 것입니다.

그러므로 "무엇을 바라든 기도할 때 이미 받았다고 믿어라. 그러면 그대로 되리라."고 말하는 것입니다.

앞서 말했듯, 기도는 인식입니다. "이미 받았다 믿으라"는 명령은 1인칭 현재형입니다. 여러분이 받기도 전에, 원하던 것의 본성과 하나가 되어 있어야만 한다는 것을 말합니다.

쉽게 그 원하던 모습과 하나 되기 위해서는, 현재 마음에서 잡고 있는 것들을 모두 놓아주는 것이 필수적입니다. 성경에서는 이렇게 말하고 있습니다.

"그대가 어떤 적의를 가지고 있다면
용서하라.
그러면 천국에 계신 그대의 아버지 또한
그대를 용서할 것이다.

하지만 그대가 용서하지 않는다면
그대의 아버지 또한 그대를 용서하지 않으리라."

이 말은 여러분의 행동에 따라서 기뻐하기도 하고 노여워하기도 하는 인간적인 하느님에 관해 말하는 것 같이 보이지만, 그런 하느님을 말하는 것은 아닙니다.

우리의 의식은 하느님이기에, 누군가에 대해서 어떤 적의를 품고 있다면 그 상태를 여러분의 세계 안에 그대로 묶어두는 것입니다. 그러나 모든 비난을 놓아주면, 여러분은 자유롭게 되어 기도하기 적합한 상태까지 솟아오르게 될 것입니다. 예수 그리스도 안에서는 그 누구에 대한 비난도, 그리고 어떤 종류의 비난도 존재하지 않습니다.

따라서 명상을 하기 전, 가장 좋은 훈련은 세상 모든 사람을 그 비난에서 벗어나게 하는 것입니다. '법칙'에는 절대 예외가 없습니다. 각자가 자신에 대해 품는 관념이 자신에게 되돌아온다는 진리 안에서 굳건히 서 있어야 합니다.

여러분은 다른 이들이, 그들이 응당 받아야 될 결과를 받는지 안 받는지를 살피는 데 여러분의 귀중한 시간을 낭비해서는 안 됩니다. 우리의 삶이라는 것은 어떤 오차도 없이 스스로에게 준 것을 돌려받고 있습니다.

이 말은 십일조의 의미로 잘못 이용되었습니다. 많은 교사들은 대중을 십일조라는 것으로 얽어매고 있습니다. 그들 자신이 십일조의 본질을 알지 못하고 결핍을 두려워했기 때문에, 따르는 이들에게 소득의 십 분의 일을 주님께 드려야 한다고 믿게 만든 것입니다.

즉, 수익의 십 분의 일을 그들이 다니고 있는 특정한 단체에 준다면, 십일조를 주님에게 드리는 것이라고 말합니다. 그러나 이것을 기억하십시오. "나는(IAM) 주이다." 여러분 존재의 의식이야말로 여러분이 십일조를 드려야 할 하느님인 것입니다.

그러므로 스스로 무엇이라 주장하는 순간, 그 속성을 하느님께 드리는 것입니다. 차별이 없는 존재의 의식은, 여러분이 스스로 주장한 그 성질을 눌러 담고, 흔들어 채우고, 넘쳐 흐르도록 하여 되돌려줄 것입니다.

존재 의식은 어떤 이름으로도 불릴 수 없습니다. 하느님을 풍요라 칭하든, 위대함이라 칭하든, 크나큰 지혜라 칭하든, 그것들 모두 규정지을 수 없는 이를 규정한 것에 불과합니다. 하느님은 어떤 이름으로도 한정될 수 없습니다.

십일조는 반드시 필요합니다. 그러나 지금부터는 오직 참된 하느님에게만 십일조를 하십시오. 즉, 여러분 자신이 위대하다고, 부유하다고, 사랑에 넘친다고, 더 할 수 없는 지혜를 가지고 있다고 스스로 주장해, 그렇게 바라던 성품들을 하느님에게 드리십시오.

이렇게 하느님에게 바친 것들이 어떤 경로를 통해서 이루어질 것인지에 대해서는 생각하지 마십시오. 삶은 우리 인간이 알지 못하는 길을 알고 있습니다. 우리는 그 길을 이해할 수 없습니다. 그러나 제가 장담할 수 있는 것은 여러분 자신에 대해 주장하는 것이 확신에 이르게 된다면 반드시 주어진다는 것입니다.

가려진 것은 드러나게 되고, 은밀히 말한 것은 지붕 위에서 선포될 것입니다. 즉, 비밀스러운 여러분 자신에 대한 확신, 아무도 알지 못하는 비밀스러운 주장이 믿음의 옷을 입을 때, 지붕 위에서 외쳐지듯 세상 안에서 형체를 갖추게 될 것입니다.

여러분이 자신에 대해 품고 있는 확신은 여러분 안의 하느님이 내는 말씀이며, 그 말씀은 영이기에 헛되이 돌아올 수 없고 보내진 곳에서 반드시 성취됩니다.

지금 이 순간, 여러분은 자신이 인식하고 있는 바를 무한 속에서 불러내고 있습니다. 그 어떤 말, 그 어떤 확신도 여러분을 찾아오는 데 실패하지 않을 것입니다.

"나는(I AM) 포도나무이고 그대들은 가지이다."

의식은 '포도나무'이고, 여러분이 인식하고 있는 것들은 여러분이 영양분을 줘서 생명을 주고 있는 '가지'입니다. 이 가지들이 포도나무에 뿌리내려 있지 않다면 생명이 없는 것처럼, 여러분의 의식 안에 뿌리내려 있지 못한 것은 생명을 잃습니다. 포도나무의 수액이 가지를 통해 흐르지 않는다면 시들고 죽음을 맞이하는 것처럼, 여러분이 어떤 것에서 의식을 제거한다면 여러분 세상 안에서 그것은 시들고 사라질 것입니다. 여러분이 어떤 것에 주의를 기울이는 것은 여러분의 세상에 존재하는 것에 생명을 주고 유지시켜 주는 수액과 같은 역할을 합니다.

지금 여러분을 둘러싼 문제들이 여러분의 눈에는 정말 현실처럼 느껴지겠지만, 이 문제를 해결하기 위해서 해야 할 것은 단지 그것에서 의식을 제거하는 것뿐입니다. 그 문제들이 아무리 실제처럼 느껴지더라도 의식 안에서 그것들에게 등을 돌리십시오. 문제에 무심하게 되어서 문제가 해결된 상태에 있는 것 같이 느끼기 시작하십시오.

예를 들어 만약 여러분이 속박되어 있다면 그 누구도 여러분에게 자유를 원해야 한다고 말할 필요가 없습니다. 자유, 더 정확히 말한다면 자유에 대한 열망은 자연스럽게 떠오를 것입니다. 그렇다면 왜 철창으로 둘러싸인 사방의 벽들을 돌아보고 계십니까? 그렇게 속박되어 있는 것에서 의식을 제거하고 스스로 자유롭다 느끼기 시작하십시오. 그 느낌이 자연스러워질 때까지 계속하십시오. 자유롭다는 느낌이 자연스럽게 이루어질 때 여러분을 가둬놓았던 철창의 문은 열릴 것입니다. 여러분 삶의 어떤 문제도 이것과 같은 방법을 적용해보십시오.

아주 큰 빚을 졌던 사람이 이 법칙을 사용해서 눈 깜짝할 사이에 산더미 같은 빚을 모두 청산하는 것을 봤습니다. 의사들이 불치라고 단정해 치료를 포기했던 사람들이, 병에 대한 주의를 거두고 감각이 보여주는 반대 증거에도 불구하고 자신이 건강하다고 느끼기 시작하는 모습을 본 적도 있습니다. 그러자 얼마 지나지 않아 이 불치병은 어떤 흔적도 남기지 않고 사라졌습니다.

"그대는 나를(I AM) 무엇이라 말하는가?"

이 질문이 바로 당신이 세상에 어떻게 나타나는지를 결정합니다. 스스로를 속박되었다, 병들었다, 가난하다고 인식하는 한 그 상태가 계속 외부에 드러나게 됩니다.

자신이 찾고 있는 것이 이미 자신임을 깨닫고 그것을 주장하기 시작하면, 그 증거가 세상에 나타납니다. 다음도 같은 말을 하고 있습니다.

"그대는 누구를 찾는가?"
"예수입니다."

"내가 그이다."

여기서 '예수'는 구세주를 뜻합니다. 여러분은 지금 여러분의 문제이지도 않은 것에서 구원되기를 바라는 것입니다.

'나의 의식(I AM)'이 바로 여러분을 구원할 그(He)입니다. 만약 지금 배고프다면 여러분을 구원해줄 것은 음식이 될 것입니다. 지금 가난하다면 돈이 여러분을 구원할 것입니다. 속박되어 있다면 자유가 구세주입니다. 지금 아프다면 우리가 예수라고 부르는 분이 여러분의 구세주가 되는 것이 아니라 건강이 구세주가 될 것입니다. 그렇기에 "나는 그이다"라고 주장하십시오. 다른 말로 하자면 여러분 자신이 원하는 존재가 되었다고 주장하십시오. 목소리를 내어 주장하는 것이 아니라 의식 안에서 그렇게 주장하십시오. 그러면 의식은 선언한 것을 가져다 줄 것입니다.

이렇게 말합니다.

"그대가 나를 더듬어 찾을 때(FEEL after me, 느껴 찾을 때), 그대는 나를 찾게 될 것이다."

원하는 존재가 되었다는 느낌이 자연스럽게 들 때까지 의식 안에서 그것을 느끼고 더듬어 가십시오. 그 느낌 속에 푹 빠졌을 때, 찾고자 했던 것은 여러분의 세상 안에서 실체가 되어 있을 것입니다.

문제가 해결된 상태에 의식이 닿았을 때 치유될 것입니다.

"누가 나를 건드렸는가?
나의 힘이 빠져 나간 것을 느꼈기 때문이다."

여러분이 치유된 자아를 의식 속에서 만질 때, 그 자아에서 힘이 흘러나와 여러분의 세계 속에 치유로 굳어질 것입니다.

다음과 같이 말합니다.

"그대는 하느님을 믿고, 또한 나를 믿으라.
내가 그이기 때문이다."

하느님의 믿음을 가지십시오.

"그는 하느님과 자신을 하나 되게 하시고
하느님의 일을 하는 것에,
그런 하나 됨을 약탈이라 생각하지 않으셨더라."

여러분도 같은 일을 하십시오. 그렇습니다. 여러분의 의식, 곧 여러분의 존재가 지니고 있는 의식을 하느님으로 믿으십시오. 그동안 외부의 하느님에게 돌려주었던 속성들을 스스로에게 주장하십시오. 그러면 그 주장들이 현실로 나타날 것입니다.

"나는 멀리 있는 하느님이 아니니,
그대의 손과 발보다 가깝고
그대의 숨결보다도 가깝더라."

'나'는 여러분의 존재의식입니다. 여러분이 인식하는 모든 것이 시작되고 끝나는 그 자리입니다.

"세상이 있기도 전에 나는 존재한다(I AM).
그리고 세상이 더 이상 존재하지 않을 때에도,
나는 존재한다(I AM).
아브라함이 있기도 전에, 나는 존재한다(I AM)."

여기서 존재하는 나는, 바로 여러분의 의식을 말합니다.

"주께서 집을 세우시지 않으면
그들이 짓는 것이 헛된 수고더라."

'주'는 곧 여러분의 의식입니다. 원하는 것이 의식 안에 먼저 자리하지 않으면 헛수고가 될 뿐입니다. 모든 시작과 끝은 의식 안에서 이루어집니다.

하느님에 대한 믿음은 우리가 우리 자신을 얼마나 믿느냐에 따라 결정됩니다. 그래서 진실로 자신에 대한 믿음이 있는 사람은 축복받은 것입니다. 여러분은 하느님을 믿듯, 여러분 자신(I AM)도 믿으십시오. 다른 사람에게 의지하지 마십시오. 그들은 여러분이 스스로에게 한 것을 비춰줄 뿐, 그 이상은 할 수 없습니다.

"그 누구도 나의 생명을 빼앗지 못하고,
나 스스로 그것을 내려놓을 뿐이다."

스스로 내려놓을 힘도, 다시 그것을 일으켜 세울 힘도 나에게 있습니다. 지금 벌어지는 어떤 일도, 우연은 없습니다. 매우 정확하고 변하지 않는 법칙의 인도를 받아 이 모든 것이 일어나고 있습니다.

"그 안에 있는 아버지께서 그를 끌어오지 않았다면, 어떤 이도(어떤 것도) 다가오지 않았을 것이다."

"나와 나의 아버지는 하나이다."

이 진리를 진실로 믿는다면 여러분은 자유를 얻을 것입니다. 사람은 항상 타인을 비난하며 삽니다. 이런 행동은 비난의 원인이 바로 자기 자신이라는 진리를 발견하기 전까지 계속될 것입니다.

'의식(I AM)'은 파괴하기 위해서 온 것이 아니라 성취하기 위해서 온 것입니다. 여러분 안에 존재하는 '의식(I AM)'은 그 어떤 것도 파괴하지 않고, 여러분이 자신에 대해 지니고 있는 모습과 관념에 생명을 불어넣습니다.

가난한 이가 부자가 되기 위해서는, 그가 어느

환경에 처했더라도 스스로를 부유하다고 주장하기 전까지는 불가능할 것입니다.

기적은 의식에 뒤따라올 뿐, 그것보다 먼저 일어나지 않습니다. 가난한 의식에 매여 있으면서 그 의식이 드러내고 있는 결핍과 한계를 불평하고만 있다면 어리석은 방향으로 인생 게임을 진행하는 것입니다. 변화는 그 의식 수준에서는 일어날 수 없습니다.

탕아의 이야기에서 보여준 예를 따르십시오. 스스로 낭비와 결핍을 불러왔음을 인정하고, 이제는 살찐 송아지와 반지와 옷이 기다리는 더 높은 곳까지 올라가겠다고 다짐하십시오.

탕아가 자신의 유산을 당당히 주장했을 때 어떤 비난도 주어지지 않았습니다. 오직 우리가 우리 스스로를 비난하고 있을 때에만 다른 이들도 우리를 비난할 뿐입니다.

"스스로를 비난하지 않는 자는 행복하더라."

삶에 있어 비난할 것이란 아무것도 없기 때문입니다. 그저 모든 것이 드러나고 있을 뿐입니다. 여러분이 스스로를 부자라 하든, 가난하다 하든, 강하다 하든, 약하다 하든, 삶은 그 선언에 맞는 결과를 되돌려줄 것입니다.

옳고 그르냐에 대한 척도는 오직 우리에게 달려 있습니다. 삶 자체에는 옳고 그름이란 존재하지 않습니다. 바울은 로마서에서 다음과 같이 말했습니다.

"그 자체가 깨끗하지 못한 것이란 없고,
다만 깨끗하지 않은 것으로 판단하는 자에게만
그것은 깨끗하지 않다는 것을
나는 주 예수에 의해서 알고 믿게 되었더라."

자신이 소망을 받을 자격이 있는지 없는지 묻지 마십시오. 욕망은 인간이 만든 것이 아닙니다. 욕망은 언제나 지금 여러분이 자신에 대해 내린 주장으로부터 스스로 형체를 빚어냅니다.

사람이 굶주리면 자연스레 음식을 원하듯, 갈

힌 자는 본능적으로 자유를 갈망합니다. 여러분의 욕망은 그것 안에 스스로를 펼쳐낼 계획을 지니고 있습니다. 어떤 판단도 내리지 말고 의식 안에서 여러분의 욕망이 이루어진 곳까지 고양시키십시오. 그리고 이미 이루어졌다고 선언하여 욕망과 하나가 되십시오. 왜냐하면 "나의 축복은 그대에게 충분하니. 나의 강함은 약한 곳에서 완벽해지더라"라고 말해지기 때문입니다.

여러분 안에 확신이 들어찰 때까지 눈에 보이지 않는 주장에 믿음을 가지십시오. 여러분이 주장하고 있는 것, 그 안에 존재하는 확신은 크나큰 선물을 줄 것입니다. 얼마 가지 않아 여러분이 주장한 것은 반드시 모습을 드러낼 것입니다. 즉, 우리가 바라던 것들이 현현되어 나타날 것입니다. 믿음이 없다면 어떤 것도 현실이 될 수 없습니다. 믿음을 통해서만 세상이라는 뼈대가 만들어집니다.

"믿음은 소망하는 것들에 대한 실상이요,
보이지 않는 것들에 대한 증거이더라."

결과에 대해서는 걱정하거나 신경 쓰지 마십시오. 밤이 지나면 낮이 오는 것처럼 결과도 당연히 따라오게 될 것입니다.

여러분 안에서 일어나고 있는 모든 욕망을 하느님의 말씀으로 여기십시오. 그리고 하느님의 모든 말씀과 욕망을 하나의 약속으로 보십시오.

우리의 욕망이 현실로 이루어지지 못하는 이유는 우리가 그것들에 한계를 놓기 때문입니다. 욕망에 어떤 한계도 놓지 마십시오. 여러분에게 처음 다가온 그대로 욕망을 받아들이십시오. 이미 그것들을 받았다는 기쁨이 일어나는 상태에서 감사함을 느끼십시오. 그런 후에 평온함 속에서 여러분의 일상을 사십시오.

욕망을 받아들인다는 것은 씨앗을, 즉 풍성함을 예고하는 씨앗을 준비된 토양에 뿌리는 것과 같습니다. 여러분이 소망하는 것이 나타날 것이라고 확신을 의식 안에 심어놓을 때 여러분은 해야 할 일을 다 마친 것입니다. 반면에 이 욕망이 어떻게 자라서 모습을 드러낼 것인지에 대해 걱정하고 근심한다면 이성이라는 것 안에 풍요를 가져오는 씨앗을 꽉 쥐고 믿음의 토양 안에 뿌리지 못하는 것입니다.

사람들이 자신들의 욕망을 제약하는 이유는 눈에 보이는 것들 배후에 존재하는 법칙인 '의식만이 유일한 실체'라는 진리를 잊은 채 계속 존재의 외형만을 쫓아 판단을 하면서 그것들을 실체로 대하기 때문입니다. 눈에 보이는 것만을 실체로 보는 것은 하느님에게는 모든 것이 가능하다는 것을 거부하는 것입니다. 어떤 이가 감금되어 있으면서 자신을 둘러싸고 있는 사방의 벽을 실제처럼 보고 있다면, 그 안에 솟아오르는 자유에 대한 충동 혹은 하느님의 약속을 스스로 거부하는 것입니다.

욕망이 하느님의 선물이라는 말을 한다면 사람들은 이런 식으로 질문합니다. "욕망이 하느님이 주신 것이라면, 만약 누군가 살인을 바란다면 그 욕망도 하느님이 준 것인가요?"

저는 이렇게 대답할 것입니다. 그 누구도 다른 이를 죽이고 싶은 욕망을 가지고 있지 않습니다. 진정 원하는 것은 그 사람으로부터 자유로워지는 것입니다. 어떤 이에게서 자유로워지고 싶다는 욕망, 바로 그 안에 자유롭게 되는 힘이 있다는 사실을 믿지 않아서, 그리고 욕망이란 것 안에는 우리가 알지 못하는 스스로를 펼쳐낼 계획이 있다는 것을 잊어버려서 욕망에 제약을 주는 것입니다. 그래서 유일하게 자신이 자유로워지는 방법은 그 사람을 죽이는 길밖에 없다고 착각합니다. 욕망이 스스로를 펼쳐내는 길은 인간이 이해할 수 없습니다. 이런 믿음의 부족으로 말미암아 하느님이 준 선물을 왜곡합니다.

우리를 짓누르는 문제들은 마치 성경에서 말하는 거대한 산과 같습니다. 하지만 우리에게 겨자씨만한 믿음이 생겨난다면 그 산조차 옮길 수 있습니다. 사람들은 자신들의 문제를 대할 때 다음의 여성분처럼 행동하고 있습니다.

나이가 지긋한 한 여인이 예배 중에 목사의 설교를 듣고 있었습니다. "만약 여러분이 겨자씨만한 믿음이라도 있다면, 저 산을 보고 사라져버리라고 한다면 그것은 사라져버릴 것이고, 어떤 불가능도 없을 것입니다."

그날 밤 그녀는 성경의 이 구절을 인용해서 기도를 하고 자신이 믿음을 가졌다고 생각하며 잠에 들었습니다. 아침이 되자 창문으로 뛰어가 소리쳤습니다.

"저 산이 저렇게 그대로 있을 줄 알고 있었다."

이것이 바로 사람들이 문제를 대하는 방식입니다. 사람들은 문제들이 계속될 것이라고 인식하고 있습니다. 삶은 누구를 차별하지도, 아무것도 파괴하지도 않기에, 자신이 인식하고 있는 것에 계속 생명을 불어넣습니다.

외부의 것들은 자신의 의식 안에서 변화가 일어날 때에만 사라지게 될 것입니다. 의식만이 유일한 실체이고, 모습이 드러난 것은 단지 의식 안에서 여러분이 어떤 것을 인식하고 있는지를 보여주는 거울일 뿐입니다. 하늘나라의 왕국은 여러분 안에 존재하기 때문에 여러분이 구하고 있는 천국과 같은 상태는 의식 안에서만 발견됩니다. 천국은 여러분 안에 있으며, 하늘나라의 뜻은 항상 땅 위에서 이루어지고 있습니다. 그래서 여러분이 오늘날 살고 있는 세상은 여러분 안에 만들어놓은 여러분의 하늘나라입니다.

바로 지금 이 땅 위에서 여러분의 하늘나라는 스스로를 펼쳐내고 있습니다. 하늘나라의 왕국은 진실로 여기 있습니다. 지금이 받을 때입니다. 그래서 새로운 하늘나라를 짓고 새로운 의식 상태 안으로 들어가십시오. 그러면 새로운 세상이 여러분 앞에 펼쳐질 것입니다.

"이전의 것들은 사라질 것이다.
그것들은 더 이상 기억되지도 않고,
마음속에 떠오르지도 않을 것이다.
왜냐하면 보라! 나(여러분의 의식)는 속히 왔고
나의 보상들이 나와 함께 있기 때문이다."

'나'는 이름이 없지만, 여러분이 부르는 어떤 이름(본질)이든 그 본질을 입습니다. 기억하십시오. 여기서 '나'라고 말한 것은 바로 여러분 자신입니다. 따라서 여러분 자신에 대해 가지고 있는 모든 관념, 즉 깊은 내면의 모든 확신은 형체를 취할 것입니다. 그것은 나를(I AM) 속일 수 없기 때문에, 즉 하느님을 속일 수는 없기 때문입니다.

이제 여러분에게 낚시하는 법을 말해보겠습니다. 성경에 따르면 제자들은 밤새도록 그물을 던졌지만 아무것도 잡지 못했습니다. 그때 예수께서 오셔서 방금 전까지 아무것도 낚지 못했던 물 위로 그물을 다시 한번 던져보라고 말씀하십니다. 그러자 그물에 많은 물고기가 가득 찼습니다.

지금도 이 글을 읽고 있는 여러분 안에서 이 이야기는 전개되고 있습니다. 낚시를 위한 도구가 이미 여러분 안에 다 갖춰져 있습니다. 그러나 예수 그리스도(여러분의 의식)가 하느님이라는 사실을 알기 전까지는 제자들이 했던 것처럼 인간의 어둠 속에서 헛된 그물을 던질 것입니다. 외부의 것들을 실체라고 여기고, 투쟁과 노력이라는 미끼로 그것들을 낚으려 하지만 아무것도 잡지 못합니다. 이것저것 만나보기도 하고, 이것저것 강요해보기도 하겠지만 그런 모든 노력은 헛될 것입니다.

그러나 여러분의 의식이 곧 예수 그리스도라는 사실을 깨닫는 순간, 그분께서 여러분의 낚시를 이끄실 것입니다. 그때 여러분은 의식 안에서 자신이 원하는 것을 낚게 될 것입니다. 여러분의 욕망이 바로 여러분이 잡아 올릴 물고기이기 때문입니다. 왜냐하면 의식만이 살아 있는 유일한 실재이며, 여러분은 의식이라는 깊은 물속에서 그 욕망을 낚게 될 것이기 때문입니다.

만약 현재의 능력을 넘어선 것을 잡고자 한다면 더 깊은 물속으로 들어가야 합니다. 현재의식 안에서는 욕망이라는 물고기들이 헤엄칠 수 없습니다. 더 깊은 물속으로 들어가기 위해서 여러분의 의식을 지금의 문제와 한계로부터 철수시켜, 그것들을 두고 떠나야 합니다. 여러분이 지금 지닌 모든 문제와 한계로부터 완벽하게 등을 돌리십시오.

여러분 자신에게, "나는 존재함, 그 자체다(I AM)", "나는 존재함, 그 자체다(I AM)", "나는 존재함, 그 자체다(I AM)"라고 계속 선언함으로써 단지 존재함 그 자체 안에 머무십시오. 이 선언에 어떤 조건도 붙이지 마십시오. 오직 여러분 자신의 존재만을 느끼십시오. 그러면 문제의 수면 위에 여러분을 묶고 있던 닻줄을 풀고는 깊은 물속으로 들어가 있는 자신을 발견하게 될 것입니다.

보통 이런 깊은 의식의 전환에는 확장되는 느낌이 동반됩니다. 마치 실제로 커지고 넓어진 느낌을 받을 것입니다. 두려워하지 말고 담대하게 받아들이십시오. 여러분이 사라지는 것이 아니라 여러분을 묶어두던 옛 한계들이 멀어지는 것뿐입니다. 모든 것은 여러분의 의식 안에서만 생명을 가지기 때문에 의식이 한계를 떠나는 순간 그것들은 사라집니다. 이 깊고 확장된 의식 안에서 이전엔 상상조차 해본 적 없던 힘을 자신이 지니고 있다는 것을 발견하게 될 것입니다.

한계에 매여 얕은 물가에 있을 때는, 여러분의 욕망이 깊은 물속에서 노닐고 있는 물고기로 보일 것입니다. 그러나 여러분을 둘러싸고 있는 문제와 장애로부터 의식을 거두면, 이제 원하는 것과 자신이 하나임을 느끼는 일이 세상에서 가장 쉬운 일이 됩니다.

나는(I AM), 즉 여러분의 의식은 부활이고 생명이기 때문에 만약 세상에 드러내고 싶은 것이 있고 세상 안에서 생명을 주고 싶은 모습이 있다면 그 부활의 힘과 하나로 결합시켜야 합니다.

이제, "나는(I AM) 풍요롭다", "나는(I AM) 자유롭다", "나는(I AM) 강하다" 등과 같은 것을 느끼며 그 본질과 이미 하나임을 받아들이십시오. 이 '느낌'이 여러분 안에 확고하게 자리를 잡는다면, 아이엠(I AM)이라는 형체 없는 존재가 스스로를 느낀 대로 형체를 부여받게 됩니다.

풍요, 자유, 강함이라는 느낌에 여러분은 '십자가형을 받게(crucified)' 되었습니다. 그 확신이 존재하는 고요함의 무덤 속에 묻혀 계십시오. 그런 후에 기대조차도 놓아버리는 고요가 찾아올 때 확신 속에서 보았던 모습은 살아있는 실체로, 여러분의 세상 안에서 부활하게 될 것입니다.

새로운 것을 사실로 받아들였을 때, 새로운 열매가 열리게 됩니다. 세상은 여러분을 만질 수 있을 것이며, 그것은 살과 피의 실재로 드러납니다. 이것이 바로 삶에 현현을 가져오는 성공적인 낚시 법입니다.

소망하는 것을 성공적으로 실현시키는 방법은 사자 굴에 갇힌 다니엘의 이야기에도 잘 나타나 있습니다. 다니엘은 사자 굴에 있는 동안, 사자들에게 등을 돌리고 위에서 비치는 빛만을 보았습니다. 사자들은 완전히 무력해졌고, 신에 대한 다니엘의 믿음이 그를 구원했습니다.

이것 또한 여러분의 이야기이기에 여러분은 다니엘이 했던 것처럼 해야만 합니다. 만약 여러분이 사자 굴에 갇히게 된다면, 다른 것에는 신경이 안 쓰이고 오로지 사자들만 바라볼 것입니다. 마찬가지로 여러분은 오로지 사자로 표현된, 여러분의 문제만 생각하고 있습니다.

그러나 다니엘은 등을 돌려, 하느님인 빛만을 응시했습니다. 여러분도 다니엘처럼, 병이라는 동굴, 가난이라는 동굴 속에 갇혀 있다면 그것들이 보여주는 문제에서 시선을 돌리고 구하고자 하는 것에만 마음을 두십시오.

의식 안에서 문제들을 뒤돌아보지 않고 소망하는 것과 하나 되었다고 믿는다면 우리를 가두고 있던 감옥의 문은 열리고, 구하던 것은 어떤 것이든 현실 속에 드러날 것입니다.

과부와 기름 세 방울에 관한 이야기가 있습니다. 예언자는 과부에게 묻습니다.

"그대의 집에는 무엇이 있는가?"

과부는 대답합니다.

"기름 세 방울이 있습니다."

그러자 예언자가 과부에게 말합니다.

"가서 그릇들을 빌려오라.
그대의 집으로 돌아와서 문을 닫고 그것을 부어라."

그녀는 세 방울의 기름을 빌려온 모든 그릇에 부어 가득 채웠고, 그럼에도 기름이 남았습니다.

지금 이 글을 읽고 있는 여러분이 바로 이 과부입니다. 아이를 낳을 수 있게 할 남편이 없는 과부, 즉, 아직 열매 맺지 못한 의식의 상태입니다. 여러분의 의식은 주(LORD)이자 여러분의 남편인 예언자입니다. 이 과부가 자신에게 아무것도 없다고 여기지 않고 세 방울의 기름을 인식한 것처럼, 여러분도 결핍이 아닌 '있는 것'을 먼저 인식해야 합니다.

"내부로 들어가서 문을 닫아라."

이는 과부에게 주어진 명령으로, 빈 그릇과 빚과 문제만을 속삭이는 감각의 문을 닫으라는 뜻입니다. 감각이 보여주는 증거를 완전히 차단하여 문제에서 시선을 돌렸다면, 이제 기름으로 상징된 소망이 이미 이루어졌다는 기쁨을 느끼기 시작하십시오. 여러분 내부에서 이 사실을 받아들여 모든 의심과 두려움이 사라진다면, 그때 여러분 역시 그 과부처럼 삶의 빈 공간들은 넘치는 풍요로 가득 채워질 것입니다.

인식은 세상에 형체를 부여하는 권능입니다. 이제까지 여러분이 인식한 모든 상태는 여러분의 세상 속에 현현되어 왔습니다. 오늘 여러분이 자신에 대해 진실로 인식하고 있는 그것이, 바로 지금 경험하고 있는 것입니다.

이 이야기의 과부처럼, 시작은 아주 미약하더라도 작은 기쁨부터 붙드십시오. 그러면 풍성하게 받게 될 것입니다. 왜냐하면 세상이란 것은 여러분이 인식하고 있는 모든 것을 크게 확대하는 거울이기 때문입니다.

"나는(I AM) 주 하느님이니,
그대를 이집트의 땅으로부터,
속박의 집으로부터 건져내었더라.
나 외에 어떤 다른 신도 없다."

여러분의 의식을 주 하느님으로 나타내니, 얼마나 영광된 계시입니까? 속박되어 있다는 꿈에서 깨어나십시오. 세상이 여러분의 것이라는 것을 깨달으십시오. '충만함, 그곳에 존재하는 모든 것이' 여러분의 것이라는 것을 깨달으십시오.

여러분 자신이 인간에 불과하다는 한계의 그

물에 걸려서는 진정 찬란한 존재임을 잊게 되었습니다. 이제 여러분의 기억을 되살려서, 보이지 않는 것들에게 모습을 드러내라고 '선포'하십시오. 그러면 그것들은 '반드시' 모습을 드러낼 것입니다. 만물은 여러분 존재의 의식인 하느님의 명령을 따르기 때문입니다.

세상은 여러분의 명령을 기다리고 있습니다

THE POWER OF AWARENESS

의식의 힘

여러분이 진정 누구인지를 이제 깨달아 자신에게,
내부의 그리스도는 인간의 상상력이라는
아주 담대한 선언을 하는 데 주저하지 마십시오.
그때 여러분은
더 이상 외부의 힘에 의존하지 않게 될 것입니다.

이곳에 다시 서게 되어 정말 기쁩니다. 이곳이야말로 제가 자유롭게 강의를 할 수 있는 곳입니다. 베일 박사님은 한 번도 제게 제약을 두거나 방향을 제안하신 적이 없습니다. 그분이 이 강단에서의 완전한 자유를 허락해주지 않았다면 저는 이곳에 설 수 없었을 것입니다. 정말 행복합니다.

올해 저는 새로운 강연 시리즈를 준비해왔습니다. 그 첫 번째 제목은 '의식의 힘(The Power of Awareness)'입니다. 의식에 대한 이해는 모든 진리의 토대이자 반석입니다. 수많은 일들이 일어나고 새로운 발견이 있었으며, 많은 실험이 반복되었지만 이 근본적 진리는 단 한 번도 흔들리지 않았습니다.

기본이 되는 이 진리에 익숙하지 않은 분들을 위해 잠시 말씀드리겠습니다. 의식은 만물의 근원이자 유일한 실체입니다. 여러분이 이 세상의 궁극적 실체를 하느님이라고 부른다면, 그 이름을 의식에도 붙일 수 있습니다. 따라서 우리는 의식이 곧 하느님이라고 말합니다.

그리고 의식이 활동할 때 우리는 그것을 '상상력'이라 부릅니다. 활동하는 의식, 즉 활동하는 하느님이 아버지를 증언하는 아들이라면, 상상력은 바로 그 아들입니다.

이 진리에 대한 우리의 확신은 단 한 번도 흔들린 적이 없습니다. 세상은 의식이 형체를 취한 것이며, 우리가 살아가는 모든 환경은 각자의 의식 상태가 외부에 드러난 결과입니다.

참된 '나'와 내가 지금 머문 의식의 상태는 구별되어야 합니다. 여러분은 영원한 존재이며, 그 본질은 복음서가 '예수 그리스도'라 부른 바로 그 상상력입니다. 대부분의 사람은 이 사실을 알지 못하지만, 여러분의 참된 존재는 바로 이 경이로운 상상력입니다.

우리가 경험하고 있는 모든 환경은 우리의 진정한 자아가 잠시 머문 의식의 상태가 외부로 드러난 것입니다. 지금 삶의 모습이 마음에 들지 않는다면 세상을 바라보는 내적 상태를 먼저 바꾸지 않는 한 그 어떤 방법으로도 환경을 바꿀 수 없습니다. 세상을 바라보는 내적 위치가 곧 여러분이 세상을 어떻게 묘사하는가를 결정하며, 그렇게 묘사된 세계는 결국 그 관찰자가 어떤 상태에 있는지를 나타냅니다.

예를 들어 제가 "산디에고가 어디 있어요?"라고 묻는다면, 여러분은 "여기에서 약 130마일 정도 떨어져 있습니다"라고 답합니다. 이어 "산

타바바라는요?"라고 묻는다면, "한 100마일쯤 거리입니다"라고 여러분은 대답합니다. 그러면 제가 굳이 아인슈타인이 아니더라도 여러분의 위치를 알 수 있습니다. 한 곳이 130마일 정도 떨어져 있고 다른 곳은 100마일 정도 떨어져 있다고 말했다면 로스앤젤레스 근처라는 것을 알 수 있습니다.

이제 이 원리는 여러분이 세상의 모습을 묘사하는 것에도 똑같이 적용됩니다. 제가 여러분에게 사회적으로 여러분의 세상은 어떤지 말해보라 하고, 주의 깊게 그 대답을 듣는다면 현재 사회적으로 어떤 위치에 있는지를 알 수 있습니다. 지적으로, 경제적으로, 영적으로 묘사해보라고 말해도 마찬가지입니다. 여러분이 알아차리지 못하더라도, 여러분이 세상을 묘사하는 그 말은 곧 여러분이 어떤 의식의 상태에서 세상을 보고 있는가를 보여줍니다. 그리고 여러분이 의식의 상태를 바꾸지 않는 한, 여러분이 보는 세상은 지금 보는 모습 그대로 남을 것입니다.

세월이 흐르는 동안 어떤 단어들은 수많은 의미와 분위기를 덧입으면서 본래의 뜻을 잃어버리기도 합니다. 바로 '잠재의식'이라는 단어입니다. 그것은 '예수 그리스도'라는 말과 같습니다. 두 가지 말에는 지금은 공통된 의미나 분위기가 없습니다.

이제 '잠재의식'이라는 단어를 자세히 살펴보며 그 정의를 보겠습니다. 사전은 이렇게 말합니다. '직접적으로 의식의 초점을 맞출 수는 없지만, 적절한 자극에 의해 의식의 초점을 맞출 수 있는 정신적 상태의 일부.' 이것이 우리가 탐구하려는 이 놀라운 영역에 대한 사전적 정의입니다.

이제 이 영역에 관해서 어떤 주장들이 있는지 보겠습니다. 오늘날의 정신 과학자들이나 정신과 의사들 그리고 심리학자들은 이것을 인간의 창조적인 힘이 있는 곳이라고 말합니다. 잠재의식의 활동이 우리가 사는 세상의 모든 것을 결정하며, 인간은 이 영역과 관계를 맺지 못하면 그 작용을 통제할 수 없다고 합니다. 누군가는 이것을 '무의식'이라 부르고, 또 누군가는 '집단 무의식'이라 부르지만, 그들 모두 한 가지 점에서는 일치합니다. 바로 이 잠재의식이 그 자체의 내적 구조에 따라 외부 세계를 빚어내는 창조적 힘이라는 것입니다.

그들은 잠재의식을 일정한 구조와 질서를 가진 실체로 간주하면서, 그 내부의 구조가 우리가 유일한 현실이라 부르는 외부의 구조를 결정한다고 말합니다. 이 깊은 곳의 내부구조에 어떤 변화가 생긴다면 객관적인 외부세상에도 그것과 상응하는 변화가 일어난다고 주장합니다. 그러나 이 잠재의식과 관계 맺는 법을 알지 못한다면, 우리는 그 힘의 작용에 휘둘릴 수밖에 없습니다.

이제 복음서로 돌아가 봅시다. 복음서의 주인공인 '예수 그리스도'에 관해 이렇게 기록하고 있습니다.

"모든 것은 그로 말미암아 지어졌으며, 그가 없었다면 지어진 것 가운데 어떤 것도 지어지지 않았을 것이다."

성경은 예수 그리스도가 '일부의 것들만'이 아니라 모든 것을 창조했다고 말합니다. 저는 복음서를 깊이 읽으며, 우주의 질서가 언제나 안에서 바깥으로 흘러간다는 사실을 깨달았습니다. 마가복음 7장은 이렇게 말합니다.

"안으로 들어간 것이 인간을 더럽히는 것은 아니요,
그 가슴으로부터 나간 것이 그러하더라."

이 말씀은 선악을 가르지 않습니다. 선한 것도, 악한 것도 모두 내면에서 나온다는 뜻입니다. 바깥에서 안으로 들어가는 것은 사람을 더럽히지 못하며, 오직 마음에서 나오는 것이 사람을 축복하거나 더럽힐 수 있습니다.

인간 안에는 끊임없이 외부세계를 자기 모습에 맞게 빚어내는 창조적 힘이 있으며, 복음서는 이 힘을 예수 그리스도라 부릅니다.

이제 성경이 이 깊은 영역, 곧 잠재의식에 접근하는 방법을 어떻게 가르치는지 살펴보겠습니다. 성경은 인간이 잠들었을 때 꿈을 통해 그 깊은 영역을 엿보라고 합니다. 이렇게 말합니다.

> "꿈속에서, 사람들이 깊은 잠에 들었을 때,
> 하느님은 인간의 귀를 여시어
> 그들의 가르침을 새기시더라."

하느님은 예언자들에게 주로 꿈속에서 말씀하셨으며, 위대한 계시 또한 그 밤의 비전 속에서 이루어졌습니다. 솔로몬에게 부와 장수, 권세를 약속하신 것도 꿈속에서였고, 예수 그리스도의 탄생을 예언한 것도 꿈을 통해 이루어졌습니다. 성경의 모든 중요한 계시는 하나같이 의식이 잠든 순간, 즉 꿈속에서 이루어졌습니다.

이 깊은 영역을 들여다볼 수 있는 또 다른 방법이 있습니다. 깨어 있는 상태에서도 이 깊은 차원을 들여다볼 수 있는 길이 있는데, 그것이 바로 상상력입니다. 상상력은 이 신비로운 깊은 차원을 탐험할 수 있는 깨어 있는 통로입니다. 고대인들이 진정한 궁극적 실체를 발견했다면 그것은 인간이 만들어낸 도구를 이용해서 발견한 것은 결코 아닐 것입니다. 그들은 궁극적인 실체를 발견하기 위해서 마음이 마음 스스로를 관찰해서, 관찰한 것들을 있는 그대로 기록해야만 한다는 사실을 발견했습니다.

왜냐하면 인간의 과학이 묘사하는 '마음'이란, 그 과학 자체를 만들어낸 마음을 완전히 설명할 수 없기 때문입니다. 따라서 우리가 오늘 '상상력을 이용해 깊은 영역을 본다'고 말할 때, 그것은 상상력이 자기 자신을 바라보는 것을 뜻합니다. 상상력이 스스로를 관찰하게 하고, 그 관찰을 정확히 기록한다면, 우리는 복음서의 주인공이 바로 '상상력'이라는 결론에 이르게 됩니다.

이제 이런 이해를 바탕으로 복음서를 읽는다면, 성경 전체가 한층 밝고 생명력 있는 책으로 다가올 것입니다. 어떤 구절이라도 좋습니다. 만약 이 강연이 열린 모임이었다면 여러분이 그 문장이 예수 그리스도와 관련해서 무슨 뜻인지 저에게 묻는다면, 그 복음서의 주인공을 상상력과 동일시하는 간단한 방법을 이용해서 답이 자연스럽게 나올 것입니다. 자, 하나의 예를 들어 보겠습니다.

"베드로, 나를 사랑하는가?"
"예, 주여,
그대는 제가 그대를 사랑하는 것을 아나이다."
"그렇다면 나의 양들을 먹이라."

이 질문은 세 번 반복되었고, 베드로는 세 번 같은 대답을 했습니다. 마지막에는 같은 질문이 계속되자 어느 정도의 반발심마저 느끼게 됩니다. 이제 이 대화를 가지고 상상력이 자신에게 묻는 질문으로 바꿔보십시오.

'나는 나의 구세주를 발견했다.
나는 나의 목자를 발견했다.'

그러면 양떼는 무엇입니까? 우리의 마음은 방

랑하는 양떼와 같습니다. 즉, 우리의 생각은 마치 목자 없이 떠도는 양떼와 같습니다. 이제 여러분은 여러분의 목자가 바로 '나'인 것을 발견했습니다. 여러분의 구세주가 바로 '나'라는 것을 발견했습니다. 즉, 여러분의 경이로운 상상력이 복음서의 주인공이라는 것을 발견했습니다. '그를 사랑하는가?'라는 질문에 여러분은 '예'라고 답합니다. 그러면 들려옵니다.

> "그렇다면 나의 양들을 먹이라."

그렇다면 나는 양들을 먹이지 않았단 말입니까? 언제 내가 그들을 돌보지 않았단 말입니까?

> "너희가 지극히 작은 자 하나에게 하지 않은 것이
> 곧 내게 하지 않은 것이다."

여러분이 다른 이들을 위해서 어떤 사랑스럽지 않은 상상을 했을 때, 여러분은 '나'를 진흙탕 속으로 끌고 간 것입니다. 그러면서도 여러분은 나를 사랑한다고 말합니다. 그러나 누군가를 위해 상상력을 사용하면서 그것이 사랑스럽지 않은 것이었다면, 여러분은 나를 먹인 것이 아니라 진흙탕 속으로 밀어 넣은 것입니다.

그럼에도 자신은 주인을 잘 섬긴다고 여전히 믿습니다. 진정으로 예수 그리스도를 이해한다고, 사랑한다고 믿습니다. 그리고는 아침, 점심, 저녁 그의 이웃에 대해 사랑스럽지 않은 것들을 상상합니다. 그런 행동들이 자신의 주인을 시궁창으로 끌고 간다는 것을 모른 채 말이죠. 이렇게 말합니다.

"나는 물을 구했지만 너는 먹을 물을 주지 않았다.
나는 음식을 구했지만 너는 주지 않았다.
나는 안락한 장소를 원했지만 너는 들이지 않았다.
나는 의복을 구했지만 그것을 덮어주지 않았다."

그렇다면 이런 일들은 언제 일어났나요? 먼 기억들을 돌아볼 필요가 없습니다. 여러분이 아주 작은 부분에라도 그런 일을 하지 않았다면, 곧 내게 하지 않은 것입니다. 그렇다면 나는 언제 양떼를 먹인 것일까요? 여러분이 이런 것들 중에서 아주 작은 부분에라도 했다면, 곧 내게 한 것입니다.

여러분은 '작은'이라고 말해졌던 것이 자기 자신을 뜻한다는 것을 이해할 날이 올 것입니다. 모든 폭군 중에서 가장 잔인한 폭군, 범죄자들 중에서 가장 극악무도했던 범죄자, 가난한 자 중에서 가장 가난했던 자는 모두 자기 자신입니다. 이제는 더 이상 자기 자신에게 비난을 하지 않고, 대신에 용서의 팔을 벌리고는 고귀한 생각들로 채우기 시작합니다. 우선은 자신의 모습을 최상의 모습으로 상상하고 나를 둘러싼 세상에 그것을 나누기 시작할 것입니다. 왜냐하면 세상은 언제나 자기 자신을 기준으로 비춰지기 때문입니다. 그때는 더 이상 이전처럼 사랑스럽지 않은 것들을 보지 않게 될 것입니다. 이것이 바로 우리가 말하던, 한 번도 흔들렸던 적 없는 의식의 반석입니다.

대단히 지혜로운 사람이었던 에머슨은, "진실된 이론은 그것 자체가 스스로의 증거가 될 것이다"라고 했습니다. 그것이 진실된 이론임을 시험하는 방법은 그것이 삶의 현상들을 설명할 수 있는가에 달렸습니다. 우리는 이미 그런 진실된 이론을 가지고 있습니다. 여러분의 의식이 유일한 실체이고, 여러분이 머물고 있는 의식의 상태가 여러분 인생의 모든 현상의 유일한 원인이라는 이 이론은 한 번도 흔들렸던 적이 없는 진리입니다.

그래서 우리는 에머슨이 말한 진실된 이론을 가지고 있다고 확신할 수 있습니다. 저는 여러분이 이 이론을 반드시 시험해봤으면 좋겠습니다. 비록 그것을 틀렸음을 증명하려는 의도로 시험한다 해도 상관없습니다. 왜냐하면 오히려 이 이론이 옳다는 것을 밝혀낼 것이라고, 저는 확신하기 때문입니다.

이 경이로운 의식은 여러분의 궁극적인 실체이고, 여러분은 어떤 의식의 상태를 선택해 들어갈 것인가를 완전히 자유롭게 정할 수 있습니다.

다만 우리는 종종 현명하지 못한 선택을 할 뿐입니다. 선택 그 자체는 옳고 그름이 없습니다. 다만 그 상태를 실행하고 체험하는 과정 속에서, 우리는 그것을 옳거나 그르다고 판단하게 될 뿐입니다.

지금까지 말씀드린 이론은 갑자기 어딘가에서 나타난 것이 아닙니다. 그리고 제가 지난 7년 동안 여기에서 말씀드린 이야기들과 최근에 제가 낸 책인, 『전제의 법칙(The Power of Awareness)』에 실린 사례들은 이 이론에 맞추려고 꾸며낸 것이 전혀 아닙니다. 주의 깊게 사실을 관찰함으로써 서서히 세워진 이론입니다.

누군가가 자신이 보고 있는 세상을 묘사하기 시작하면, 그 순간 그가 진정 어떤 존재인지가 드러납니다. "무엇을 원해요?"라는 간단한 질문을 던졌을 때, 그들은 무엇을 원하는지 말하고 그것을 정말 진심으로 원한다고 말했습니다. 그러면 저는 다시 묻습니다.

"만약에 그것들이 이루어졌다면
당신은 세상을 어떻게 보게 될까요?"

똑같은 세상이지만, 원하는 것을 이룬 사람은 그것을 다르게 묘사하기 시작할 것입니다. 저는 말합니다.

"자, 당신은 이제 세상을 그런 모습으로 봐야 할 겁니다. 지금 묘사한 상태들을 당신의 마음속에 간직해야만 합니다. 그렇게 한다면 당신은 그 상태 안으로 옮겨가게 될 것이고 현실로 굳어져 당신에게 나타날 것입니다."

원하는 목표를 이루었을 때 세상을 어떻게 보게 될지 안다면, 지금부터 여러분 마음의 눈을 통해 봐야 할 세상은 바로 그것입니다. 마음에 간직한 세상이 머지않아 세상에 모습을 드러내게 됐을 때 그 이론이 끼워 맞추기 위해 지어낸 것이 아니라 이런 현실들을 주의 깊게 살펴봐서 도출된 것임을 알게 될 것입니다. 그래서 불멸의 '나'를 원하는 상태 안으로 계속해서 옮겨와, 충분히 자연스러워질 때까지 그 상태를 차지해 나간다면, 그 상태는 눈앞에 모습을 드러낼 것이고 우리는 우리 삶의 현상들을 설명할 수 있는 진실된 이론을 갖게 됩니다.

이번 시리즈 강의에서 저는 여러분에게 많은 진리들에 대해 말씀드리고 있는데, 그 중 특히 강조하고 싶은 내용은 결과에서 생각하는 것(thinking from)과 결과를 생각하는 것(thinking of)의 큰 차이입니다. 지금 저는 로스앤젤레스에 서서 생각하고 있습니다. 세상의 다른 곳들을 떠올릴 수는 있지만, 그것은 '생각하는 것(thinking of)'일 뿐입니다. 제가 '로스앤젤레스에서 생각하는 것'은 현실이고, 다른 장소를 '생각하는 것'은 아직 현실이 되지 않은 꿈입니다.

우리의 상상력은 성경의 주인공이며 세상 어떤 힘도 상상력의 여행을 막을 수는 없습니다. 상상력은 아버지 집의 어떤 저택이든 갈 수 있고, 또 그곳에 머물 수 있습니다. 내가 원하는 상태 안에 있다고 상상하는 것을 막을 수 있는 힘은, 이 땅 위에 존재하지 않습니다.

그래서 우리는 그 상태로부터 생각하기 시작합니다. 그 상태에서 생각하기 시작할 때, 이전의 모든 상태는 무너져 내립니다. 이것이 곧 아버지의 집 어느 저택으로도 옮겨 거할 수 있는 하느님의 아들, 곧 상상력의 특권입니다. 하느님의 위대한 아들이 그 저택에 들어가서 머물게 된다면 우리 또한 육체를 지니고 그곳에 가게 될 것입니다. 나의 아버지 집에는 셀 수 없을 정도의 많은 상태가 이미 존재합니다. 진정한 아들이 누구인지, 그리고 오로지 아들만이 아버지의 저택에 들어갈 수 있음을, 그리고 아들이란 나의 상상력을 말한다는 것을 알게 된 나는, 마치 육신을 가지고 그곳에서 살고 있는 것처럼 상상 속에서 삽니다. 그렇게 그 상태가 충분히 자연스러워질 때까지 머문다면 내 육신 또한 그곳으로 따라오게 됩니다. 즉, 상상 속에서 내가 살고 있는 상태는 살과 피의 현실을 두르게 됩니다.

우리가 이 진리를 받아들이기만 한다면 바로 지금 이곳에서 바람처럼 자유로워질 수 있습니다. 어떤 저택을 향해 발걸음을 옮길지는 전적으로 여러분의 선택에 달려있습니다. 여러분은 여러분의 삶에 다가오는 모든 고통과 행운을 만들어내는 유일한 창조자입니다. 어떤 일이 삶 속으로 들어오더라도 외부의 힘이 만들어낸 것이 아닙니다. 오로지 여러분의 선택이 그것을 만들었을 뿐입니다. 앞서 말했듯이, 지혜롭지 못한 선택의 결과였습니다.

여러분이 진정 누구인지를 이제 깨달아 자신에게, '내부의 그리스도는 인간의 상상력'이라는 아주 담대한 선언을 하는 데 주저하지 마십시오. 그때 여러분은 더 이상 외부의 힘에 의존하지 않을 것입니다. 예언자가 말했듯이, 우리는 왜 우리의 상상력인 하느님이 거주하고 있는 우리 자신에게 도움을 구하지 않고 외부의 하느님에게 도움을 구하고 있습니까? 왜 하느님이 거하고 있는 이곳에서 도움을 구하지 않고, 다른 곳에서 도움을 구하고 있습니까?

내가 원하는 모습이 되어 있는 것을 방해할 만한 외부의 힘이 세상에는 존재합니까? 그 상상 속의 모습이 현실이라는 느낌을 방해할 만한 외부의 힘이 존재합니까? 그 상태에 있는 것을 현실 같도록 생생하게 상상했다면 결국 그 상상은 육신의 옷을 입게 될 것입니다.

'안에서부터 바깥으로',

바로 이것이 법칙이기 때문입니다.

여러분이 이 진리를 받아들일 정도로 담대하다면, 오늘 바로 자유를 찾게 될 것입니다. 여전히 주저하고 있다면, 마가복음 7장을 다시 읽어보시기 바랍니다.

여러분은 그 복음서에 나오는, 인간의 관습들을 중요하게 여기면서 하느님의 법칙을 무시하는 사람일지도 모릅니다. 그곳에서 사람들은 잔을 닦고 항아리를 닦습니다. 그렇게 인간의 관습으로 내려온 것들을 지키려 하는 모습을 보며, 성스럽게 여길지도 모릅니다. 반면 예수께서 하느님의 법칙을 말씀하실 때, 사람들은 그 말씀에는 귀를 기울이지 않았습니다.

"그대가 하느님의 살아있는 사원이고,
하느님의 영이 그대 안에 살고 있다는 것을
알지 못하는가?"

이런 말도 들어봤을 것입니다.

"그대 안의 그리스도는 영광의 희망이더라."

외부의 그리스도가 아니라 여러분 안의 그리스도라고 말하고 있습니다.

만약 우리가 내 안에 그리스도가 있다는 것을 주장할 정도로 확신에 차 있지 못하다면, 다음의 구절을 읽어보십시오.

"그대는 그리스도의 마음을 지니고 있더라."

여기에서 그리스도의 마음이란 언젠가 구해질 것이 아니라, 여러분이 지금 지니고 있는 마음이라는 것을 보여줍니다. 그러니 이를 자신의 몫으로 당당히 주장하고, 성경이 하느님의 아들이라 부른 마음의 거인, 즉 상상력을 사용하기 시작하십시오. 그때 비로소 여러분의 참된 구세주가 누구인지 알게 될 것입니다.

성경에서는 예수 그리스도에게 어떤 호칭들을 사용했는지 열거해보겠습니다. 구원자(Redeemer), 구세주(Savior), 유월절(Passover), 두 번째 사람(Second Man) 그리고 모든 민족의 열망(The Desire of all Nations)이라고 불렀습니다. 이제 이것들이 여러분의 경이로운 상상력을 얼마나 잘 표현하고 있는지 보십시오. 있는지조차 모르고 있는 사람, 즉 두 번째 사람은 상상력의 주체로서 여러분을 말합니다. 여러분은 감각이 전해주는 증거와 이성이 전해주는 것만을 받아들이면서 두 번째 인간을 가둬두고 있습니다. 두 번째 인간을 자유롭게 만든다면, 왜 그가 유월절(Passover)이라 불리는지 깨닫게 될 것입니다.

상상 속에서 원하는 장소에 머무는 것을 막을 힘은, 세상 어디에도 없기 때문에 두 번째 인간은 지금 현재상태에서 원하는 어떤 상태로도 옮겨(pass) 갈 수 있습니다. 여러분을 원하는 그곳에 가져다 놓고, 그곳에서 생각하기 시작하십시오. 하지만 소망하는 상태로 들어가고 싶다는 생각만을 계속 지니지 마십시오. 그렇게 한다면 스스로를 굶기는 일입니다.

만약 원하는 곳에 머물며 그곳에서 생각한다면, 나는 그곳으로 가서 그 처소를 준비하는 것입니다. 처소가 준비되면, 나는 그 상태 안에서 살면서 그 상태에서 생각하게 됩니다.

제가 전해드린 진리를 그대로 잘 실천하여 내부의 그리스도를 깨우기 시작했던 분들이 셀 수 없이 많은 체험담을 제게 들려줬습니다. 감각들을 쫓아서 그들의 발걸음을 옮겼을 때에는 내부의 그리스도가 잠들어 있었지만 감각의 증거를 완벽하게 거부하고 자신이 원하는 모습이 된 것을 그리기 시작하면서 자신들의 구세주를 발견했다고 말했습니다.

그들은 인간의 모든 관습으로부터 자유롭습니다. 그래서 그 누구도 그들 앞에 서서, 자신이 인간과 하느님 사이의 중재자라고 자처하는 것을 허락하지 않습니다. 유일한 구원자를 발견했기 때문입니다. 구원자야말로 하느님과 인간 사이에 있는 유일한 중재자입니다. 그래서 여러분의 상상력을 다른 이들을 위해서 아름답게 사용하고 있을 때면 언제나, 문자 그대로 하느님과 인간 사이를 중재하고 있는 것입니다. 눈에 보이지 않는 어떤 신성한 존재가, 여러분이 인간의 관습을 잘 지키고 있는지 감시하고 있을 것이라 생각하지 마십시오.

다시 돌아가서 '잠재의식'에 대해 살펴보겠습니다. 사람들은 막연하게 인체의 부속기관을 말하는 것처럼 이 단어를 사용했습니다. 그러나 이제는 상상력을 뜻한다는 것을 이해하고 이 말을 다시 새롭게 만들어야 합니다. 사람들은 잠재의식이라는 것이 정확하게 무엇을 뜻하는지 알지 못하면서, '나의 잠재적인 마음', 혹은 '나의 무의식적인 마음'이라는 표현을 썼습니다.

이런 마음상태를 일컫는 것들은 모두 여러분의 상상력을 나타내고 있습니다. 눈에 보이는 객관적인 세상처럼 잠재의식도 형태와 구조를 지니고 있습니다. 내부세상은 하나의 실체입니다. 그것을 어떤 이름으로 불러도 좋습니다. 저는 그것을 경이로운 상상력이라 부릅니다. 그것은 제가 현실로 받아들이고 동의한 것들과 믿고 있는 것들 모두를 형상으로 취합니다.

제가 믿고 있는 것이 반드시 진리일 필요는 없습니다. 진리에 가까울 필요도, 그저 나의 선입견이어도, 심지어는 미신이어도 상관 없습니다. 상상력은 전혀 개의치 않습니다. 인간이 지닌 온갖 성향과 믿음을 받아들여 그것을 그대로 자기 옷으로 삼습니다. 그렇게 잠재의식은 이 세상에서 내가 받아들인 모든 것을 사실로 받아들일 것입니다. 그리고 그렇게 형성된 잠재의식의 내부구조에 맞추어 외부세상은 세워집니다. 따라서 외부세상을 바꾸기 위해서는 어떤 방법을 써서라도 내부의 구조, 즉 두 번째 인간인 상상력에 변화를 주어야만 합니다.

그래서 저는 하루의 습관적 경험 속에서 나 자신을 관찰하며, 이 내적 인간이 어떻게 움직이는지 살펴봅니다. 그러면 흥미로운 것을 발견합니다. 그것은 바로, 상상력이 습관을 따라서 움직인다는 것입니다. 상상력은 습관의 존재입니다. 아름답지 않은 생각 위에 습관적으로 있다면 비난과 혹평만이 귀에 들어오고, 상상력은 그 익숙한 경로로 움직입니다. 잠재의식은 그렇게 습관에 맞춰서, 습관이 인도하는 길을 따라 움직입니다.

내가 만약 외부의 세상이 마음에 들지 않고 이 외부세상이 내부의 구조, 즉 두 번째 인간에 의해 이루어졌다는 것을 안다면, 모든 사랑스럽지 않은 것들에 대해 내가 어떻게 반응하는지, 그리고 다른 이들의 칭찬에 내가 얼마나 관심이 없는지를 살펴봐서 양들을 먹이듯 타인에 대한 생각과 감정과 분위기를 바꿔야 합니다. 사람들에 대한 나의 반응을 바꾸기 시작했을 때 하느님 아들의 모습을 바꾸고 있다는 것을 알게 됩니다. 그리고 그때 바뀐 아들의 모습에 맞춰 외부세상에도 자연스레 변화가 찾아올 것입니다.

여러분이 이 진리를 좋아해서 삶 속으로 받아

들일 정도로 대담하시다면, 저는 지혜로운 자들조차 꿈꾸지 못한 세계를 약속드릴 수 있습니다. 왜냐하면 여러분은 잠에 들 때 더 이상 이 세상 대다수의 사람들이 하는 것처럼 무의식 속에 있지 않게 될 것이고, 여러분의 진정한 자아가 실제로 숨 쉬고 움직이고 존재하는 또 다른 세상의 출입구를 발견하게 될 것이기 때문입니다. 그 세상은 여러분이 명상을 할 때나 밤마다 잠에 들 때 들어갈 수 있는 차원적으로 보다 더 거대한 세상이며, 그곳에서는 상상할 수조차 없는 기회의 차원이 펼쳐집니다.

그래서 여러분이 이 진리를 정말 믿고, 여기에 모인 4주 동안 의식의 힘(Power of Awareness)을 사용해보셨으면 좋겠습니다. 그래서 여러분에게 일어난 일들을 저에게 말할 수 있게 되어 이 진리의 살아있는 증거의 열매가 되었으면 합니다.

언제든지 소망이 이미 이루어졌음을 자각하는 법을 배우십시오. 소망이 성취된 느낌을 사실로 받아들이고 성취된 상태를 강렬하게 인식하는 것을 배워서 여러분이 여러분의 세상을 묘사할 때 소망이 성취된 상태에서 바라보고 말할 수 있도록 하십시오. 그리고 그 분위기를 유지하는 것을 배우십시오. 내부의 자아는 항상 습관을 따라서 이동하기 때문에 얼마 지나지 않아 내부 자아의 습관적인 움직임을 따라서 소망이 성취된 느낌 안으로 잠재의식이 움직이는 것을 발견하게 될 것입니다. 그 느낌이 잠재의식의 자연스러운 옷이 되었을 때 그것은 여러분 마음의 내적인 변화에 맞춰서 외부의 세상을 변화시키기 시작합니다.

바로 지금 이 진리를 받아들이시기 바랍니다. 세상 어떤 힘도 여러분이 이 진리를 강제적으로 받아들이게 만들 수는 없습니다. 그것을 받아들이든 받아들이지 않든, 그 선택을 하는 데 있어 여러분은 마치 바람처럼 자유롭습니다. 여러분의 구세주가 2천 년 전에 살았다가 여러분을 위해 죽었고, 그분의 죽음으로 구원되었다는 믿음을 계속 고수한다면 그렇게 믿을 권리가 여러분에게 있습니다.

좀 전에도 말씀드렸듯이, 내부의 자아는 여러분이 믿고 있는 모든 것과 조화를 이루어 형성되기 때문에, 여러분은 그렇게 믿고 있는 것에 대한 증거를 계속해서 보게 될 것입니다. 그래서 여러분과 같은 것을 믿고 있는 수백만의 사람들을 보게 될 것이고, 다수가 믿는다는 이유로 그것이 옳다고 확신하게 될 것이고, 그렇게 여러분은 인간의 거대한 관습에 또 한 번 기여하게 될 것입니다.

그러나 그 믿음의 껍질을 벗고, 상상력이 스스로를 관찰하도록 하여 내부의 구세주를 발견하기 시작한다면, 당신은 고대인들과 같은 결론에 도달할 것입니다. 즉, 사람들이 하느님이라 부르는 궁극적인 실체, 고대인들이 '아이엠(I AM)'이라 정의한 궁극적인 실체가 바로 여러분 자신의 경이로운 의식이며, 그 의식이 활동하는 모습이 하느님의 아들인 예수 그리스도임을 깨닫게 될 것입니다. 그리고 그때서야 양떼에게 진정으로 먹을 것을 주기 시작하고 다시는 여러분의 구세주를 진흙탕 속으로 끌고 가지 않을 것입니다.

이제 시간이 다 끝나가고 있습니다.

저는 이제 자리에 앉을 것입니다. 우리 모두, 다른 이들을 위해서 상상력을 아름답게 사용해 보겠습니다. 다른 이들이 여러분에게 말하는 것을 상상하십시오. 그들이 여러분에게 말했으면 하는 것을 말이죠. 그리고 여러분은 마치 그 말을 듣고 있는 것처럼 귀를 기울이십시오. 그러면 에베소서 5장 1절의 말씀을 실천하는 것입니다. 이렇게 쓰여있습니다.

"사랑받는 자녀로서 하느님의 모방자가 되어라."

그렇다면 어떻게 아버지를 모방할 수 있을까요?

"그분은 보이지 않는 것들을
마치 보이는 것처럼 부르시니,
보이지 않는 것들이 보이게 되더라."

바로 이것이 나의 아버지가 보이지 않는 것들

을 존재 안으로 불러내는 방법입니다. 나는 사랑받는 자녀로서 아버지의 모방자가 되어야 합니다. 나는 상상 속에서 듣고 싶은 음성을 불러내고, 그 소리를 정말 듣고 있는 듯이 들으며, 보고 싶은 장면을 보는 듯이 바라볼 것입니다. 그렇게 듣고 보는 것을 계속한다면 사랑받는 자녀로서 아버지를 모방하게 될 것이고 아버지는 나를 실망시키지 않을 것입니다. 그분은 육신으로, 즉 객관적인 세상 안으로 내가 듣고 보고 사실로 받아들였던 것들을 불러내실 것입니다.

이제 침묵 속으로 들어가겠습니다.

CHANGING THE FEELING OF "I"

"나"의 느낌을 바꾸기

이 문을 나가 버스를 탈 때에도
지금 가지고 있는 관념들을
계속해서 지닐 수 있겠습니까?
아니면 우리가 이전에 가졌던,
자신을 속박했던 한계 속으로 다시 돌아가겠습니까?
선택은 우리에게 달렸습니다.
가장 소화하기 힘든 가르침은
여러분, 오직 여러분만이 그를 불렀기 때문에
여러분의 세상에 그가 나타났다는 것입니다.

지난 일요일에 오시지 않은 분들을 위해, 그때 말씀드렸던 것들을 간단하게 정리해보고 본격적인 강의를 시작하겠습니다. 우리의 의식이 현현되어 나온 것이 우리의 세상이기 때문에 우리 각자를 둘러싼 환경과 지금 처한 상황들 그리고 삶의 조건들은 단지 개개인이 머물고 있는 특정한 의식의 상태들이 바깥으로 그려져 나온 것뿐입니다. 사람은 자신이 머무는 의식 상태에 따라 세상을 바라보며, 그 의식 상태를 통해 자신이 어떤 존재인지를 보게 됩니다. 내부의 마음구조를 바꾸지 않고 외부세상을 바꾸려는 이는 헛된 노력을 하는 것입니다. 법칙에 따라 이 모든 것은 일어나고 있습니다.

세상에서 일어나는 모든 일은 법칙과 질서에 따라 이루어지고, 우리를 돕거나 방해하는 사람들 또한, 그들이 그걸 알고 하든 모르고 하든, 법칙에 종속되어 행동하고 있을 뿐입니다. 여기서 법칙이란, 우리 내면의 본성이 비추는 대로 외부세상을 지속적으로 창조하는 것을 말합니다.

지난 일요일 저는 여러분의 존재(individual identity)와 그것이 차지하고 있는 상태(the state)를 구별해야 한다고 말씀드렸습니다. 여러분의 존재는 하느님의 아들이고, 여러분이나 저의 진정한 본질은 바로 상상력(imagination)입니다. 그것은 영원한 실체입니다.

이 존재는 자신이 들어간 상태와 하나가 되어 그 상태를 자신이라 믿습니다. 하지만 항상 어떤 상태든지 그것을 선택할 수 있는 자유가 여러분에게 있습니다.

이제 오늘의 주제인 '나의 느낌을 바꾸기'로 들어가 보겠습니다. 여러분이 요한복음 6장에 나오는 것과 같은 행동을 하지 않기를 바랍니다. 그곳에서는 이 진리가 사람들에게 주어졌을 때, 그곳에 있던 많은 이들이 떠나고 소수의 사람만이 남게 됐다고 합니다. 예수 그리스도가 사람들에게 바뀌어야 할 것은 오직 자신밖에 없다고 말씀하셨을 때, 그 말을 들은 사람들은 "참으로 어려운 말씀입니다. 누가 그 진리를 들을 수 있겠습니까?"라고 대답했습니다.

예수 그리스도는 말씀하십니다.

"내가 그를 부르지 않았다면
그 누구도 나에게 다가올 수 없더라."

이 말을 세 번 반복하시자 많은 이들이 그를 떠나 다시는 함께하지 않았다고 합니다. 남아 있는 제자들에게 고개를 돌리고는 "너희도 또한 떠나겠느냐?"라고 묻습니다. 그러자 이렇게 대답합니다.

"누구에게로 가겠나이까?
그대에게는 영원한 생명의 말씀이 있나이다."

지금까지 나의 불행에 대해 다른 사람을 비난해왔지만, 이제는 내가 그를 부르지 않았다면 아무도 나에게 다가오지 않는다고, 즉 나의 행운과 불행을 만든 유일한 이가 바로 나라는 말을 들었다면 그것을 받아들이기 힘들 것입니다. 그래서 성경에서는 이렇게 적혀 있습니다.

"이것은 어렵나이다. 누가 그것을 듣겠나이까?
누가 그것을 이해하겠나이까?
그리고 누가 그것을 믿을 수 있겠나이까?"

그러자 예수 그리스도는 말씀하십니다.

"그리고 이제 나는 나 자신을 신성하게 만드니,
그들 또한 진리를 통해 신성하게 되리라."

만약 이것이 진리라면 이 세상에서 바꾸어야 할 다른 누군가도 없고, 완전하게 만들어야 할 다른 이도 없고, 죄를 씻겨내야 할 다른 이도 없이 오로지 나 자신만이 바뀌야 할 유일한 대상이 됩니다.

그러므로 '나'로부터 시작해야 합니다. 우리 대부분은 우리가 실제로 붙들고 살아가는 자아가 어떤 것인지 전혀 모르고 있습니다. 우리는 한 번도 자아의 온전한 모습을 본 적이 없어서 자아에 대해 알지 못합니다.

'나(I)'는 얼굴도 없고, 형체도 없고, 모양도 없지만, 받아들인 모든 것과 믿어버린 모든 것으로 스스로를 형체로 만들었습니다. 그러나 정말 우리가 믿고 있는 것이 무엇인지 아는 이는 거의 없습니다. 수많은 미신과 선입견들이 이 무형의

'나'를 형체로 빚어내었고, 그것이 다시 우리의 환경과 삶의 조건으로 투영되었습니다.

여러분은 집에 돌아가서 다음 성경구절을 다시 한번 꼼꼼하게 읽어보시기 바랍니다.

"내가 그를 부르지 않았다면,
그 누구도 나에게 다가오지 않는다."

"그대가 나를 선택하지 않았고,
내가 그대를 선택했다."

"그 누구도 나의 목숨을 앗아갈 수는 없고,
나 스스로 그것을 내려놓을 뿐이다."

"내 마음 안에 박힌 것을 빼어갈 외부의 힘은 없다."

"그대가 나에게 준 모든 것을 나는 지켰나이다.
잃은 것은 오로지 멸망의 아들,
즉 멸망에 대한 믿음뿐이나이다."

그 어떤 것도 잃어버린 것이란 없고 오직 잃는다는 것에 대한 믿음만을 잃었기 때문에 나는 나에게 주어진 선한 것들 중 어떤 것도 잃었다고 믿지 않을 것입니다. 그래서 나는 나 자신을 신성하게 만들어서 진리를 통해 그들 또한 신성하게 만듭니다.

그렇다면 '나'를 어떻게 바꿀 수 있을까요? 우선 '나'를 발견해야만 합니다. 그 방법은 판단하지 않고 자신을 있는 그대로 관찰하는 것, 오직 그것뿐입니다. 이렇게 발견한 자아의 모습은 여러분을 당황하게 만들 것입니다. 여러분의 모습은 완전히 드러날 것이고, 그 모습을 마주하면, 두렵다기보다는 차마 인정하기도 부끄러울 만큼 비천한 존재였다는 사실 앞에서 큰 수치를 느끼게 될 것입니다. 이 저급한 것들을 가까이 끌어들인 것이 하느님 자신이라면 여러분은 수탉이 울기도 전에 그분을 천 번은 더 거부했을 것입니다. 우리는 지금껏 그 자아를 지켜주고, 변명하고, 정당화해 왔다는 사실을 인정하기조차 어렵습니다.

그러나 이렇게 자아에 대해 판단 없이 관찰을 해서 그 실체를 발견한 후에야 그것을 바꿀 수 있습니다. 있는 그대로의 자아를 발견하는 것은 세상의 근본적인 문제를 해결하는 핵심입니다. 그렇게 발견한 자아는 여러분이 보고 있는 모든 것의 유일한 원인이기 때문에 삶을 바라보고 있는 진정한 시선의 척도입니다.

여러분이 세상을 어떻게 바라보느냐는, 여러분이 알지 못했던 자아의 고백입니다. 세상 어떤 것에 대해서도 여러분은 그것을 어떻게 보고 있는지 말할 수 있습니다. 그러나 그 묘사는 언제나 여러분이 어떤 존재인지를 드러내는 고백입니다. 그러므로 여러분은 그렇게 발견한 자아를 먼저 있는 그대로 받아들여야 합니다. 그렇게 받아들였을 때 여러분은 변화할 수 있습니다.

복음서의 덕목들을 받아들여 적을 사랑하고, 우리를 저주하는 이를 축복해주고, 배고픈 이들에게 음식을 나누어 주는 일을 생명의 말씀으로 실천하는 것은 오히려 더 쉬운 일입니다. 하지만 음식과 옷을 나눠주었던 존재, 보살핌의 손길을 보내주었던 존재 그리고 가장 커다란 적으로 느꼈던 존재가 바로 나의 자아라는 사실을 깨달았을 때 우리는 깊은 부끄러움을 느낍니다. 한없이 부끄러워집니다.

오히려 내가 갖고 있는 것을 다른 이에게 나눠주고, 내가 갖고 있는 여분의 옷을 벗어서 다른 이에게 입혀주는 것이 훨씬 쉽지만 진리는 그런 것이 아닙니다. 자신 안의 낮은 자아를 직면하고 변화시키는 일은 어렵습니다.

자아를 가지고 시작해야 합니다. 우선 자아를 발견한 후에 그것을 변화시켜야 합니다.

이야기 하나를 들려 드리겠습니다. 몇 년 전, 이 도시의 호수 근처인데 이름은 잘 생각이 나지 않는데, 그곳에서 강연을 하고 있을 때 한 신사가 찾아와 저를 만나고 싶다고 했습니다. 우리는 강연장 맞은편 작은 공원으로 걸어가 대화를 나누었습니다.

그는 자신에게 해결할 수 없는 문제가 있다고 말했습니다. 제가 대답했습니다.

"세상에 해결할 수 없는 문제란 없어요."

"하지만 네빌, 당신은 제 문제를 몰라요. 건강 따위의 문제가 아니에요. 제 문제는 태어날 때부터 갖고 있는 피부색이에요."

"거기에 무슨 문제가 있다고 그러시죠? 제가 보기엔 아주 완벽합니다."

"제 피부 색깔을 보세요. 이렇게 태어나서 저는 계속 차별 받고 있다고요. 이 세상에서 성공할 수 있는 기회 따위는 저에게 주어지지 않았죠. 왜 그런지 아세요? 그건 단지 제가 흑인으로 태어났다는 이유뿐이에요. 어떤 곳에서도 출세할 기회 따윈 없고, 가족과 함께 살고 싶은 동네에도 들어갈 수 없고, 사업을 열고 싶은 지역에도 이사조차 갈 수가 없어요."

그래서 저는 이 나라에 처음 왔을 때의 제 경험을 들려주었습니다. 물론 저는 피부색의 문제는 없었지만, 미국인들 사이에서 이방인으로 살았다는 점은 같았습니다. 그러나 저는 그것이 전혀 어렵지 않았습니다. 그러자 그가 말했습니다.

"네빌, 그런데 그건 제 문제와는 달라요. 어떤

사람은 다른 나라에서 와서 말을 잘 못할 수도 있죠. 그런데 그건 제 문제와는 정말 달라요. 게다가 저는 미국인으로 태어났는데도 그런걸요."

저는 그 말을 듣고는 뉴욕에서의 이야기를 들려줬습니다. 여러분이 제가 누구에게서 이런 것을 배웠는지, 스승님의 이름을 묻는다면 주저 없이 압둘라라고 대답하겠습니다. 저는 그분 밑에서 5년간 가르침을 받았습니다. 압둘라 역시 그 신사분처럼 흑인이었습니다. 그분은 다른 이들이 자신의 피부에 관해 이야기를 꺼내지도 못하게 만들었습니다. 그는 자신이 흑인인 것을 자랑스러워했고, 하느님이 만든 자신에게는 완벽함만이 있기에 어떤 고쳐야 할 것도 없다고 말했습니다. 압둘라는 제게 이런 말을 했습니다.

"스핑크스 사진을 본 적이 있나?"

"예."

"그건 우주의 고정된 네 가지 방위를 형체로 만든 거네. 사자, 독수리, 황소 그리고 인간이지. 그런데 그 머리는 인간의 머리지. 인간의 지식으로는 그가 낸 수수께끼를 여전히 풀지 못하는,

그 스핑크스라 불리는 것의 꼭대기는 인간의 머리가 놓여 있네. 네빌, 그 머리를 한번 자세히 보게. 그 머리를 만들었던 이는 흑인이었음을 짐작하게 될 거네. 분명 스핑크스의 머리를 만들었던 이가 누구였든 간에 흑인이었을 거네. 그리고 지금까지도 인간의 지식으로는 그 수수께끼를 풀지 못하고 있다면, 나는 정말 내가 흑인인 걸 자랑스러워할 수밖에 없네."

저는 많은 과학자와 의사, 법률가와 은행가를 비롯한 모든 계층의 사람이 압둘라를 만나려 했던 것을 보았습니다. 그들은 압둘라의 집에 들어와서 그와 이야기 나누는 것만으로도 커다란 영광으로 여겼습니다. 그가 어디로 초대되든, 언제나 가장 대접받는 손님이었습니다.

"네빌, 자아를 가지고 시작해야만 하네.
자아를 찾게.
자네가 이제껏 어떤 존재였는지 알게 돼도
부끄러워하지 말게.
자아를 찾아서 그것을 바꾸는 것을 시작하게."

저는 압둘라가 제게 가르쳤던 것을 똑같이 그 신사분에게 전했습니다. 외부에는 원인이 없으며, 모든 원인은 자신의 마음의 구조 안에 있다는 것을요. 그 신사분은 자신이 차별받고 있다는 증거들을 제게 아무리 많이 보여주었다 하더라도, 그가 차별받았다면 피부가 원인은 아니었습니다. 자신이 차별받는다는 사고를 마음 안에 만들었기 때문입니다. 그 생각이 그 차별받는 현실을 그의 주변에 끌어당겼습니다. 인간의 마음 외에 어떤 힘도 존재하지 않습니다.

태어나면서부터 주변에 주어졌던 한계들을 받아들였고, 어린 시절을 통해 조금씩 제약하던 것들을 또 받아들였고, 그렇게 한계 속에 묻혀 있는 것을 자신이라 믿으며 자라왔습니다. 그 믿음으로 인해, 실제 그런 한계들에 둘러싸인 채 살아왔습니다. 그러나 진리는 이렇게 말합니다.

"내가 그를 부르기 전에는
그 누구도 나에게 다가올 수 없다."

이 진리로 인해 누군가가 나를 비난하고, 누군가가 나를 칭찬합니다. 내가 그들을 부르지 않았다면 그들은 내게 다가올 수 없습니다. 네빌이라는 외부의 존재가 부른 것이 아니라, 저의 내면에 감춰진 비밀스러운 존재가 부른 것입니다. 내가 믿고 동의한 모든 것의 총계인, 그 비밀스러운 존재는 그것과 조화를 이루는 것들을 끌어당기고 있습니다.

그렇게 이야기를 해주자 신사분은 돌아가서 자신과의 기나긴 싸움을 시작했습니다. 그는 제가 한 말을 즉시 믿을 수는 없었지만, 지난 일요일 아침, 로비에서 저를 찾아와 반갑게 인사했습니다. 저를 건넛방으로 데리고 가서는 가르침에 대한 열매를 보여줬습니다. 그 신사분이 말했습니다.

"네빌, 정말 제 마음속에 박혀있던 한계들을 극복하기까지 거의 3년이란 시간이 걸렸어요. 하지만 결국 해냈죠. 이제 여기 윌셔 블레바드(Wilshire Boulevard)가 제 사무실이 있는 곳이에요. 이곳만 저에게 제안을 한 것이 아니라, 이것만큼 좋은 장소를 네 군데나 더 제안 받았어요. 통신시설이 좋기 때문에 이곳을 선택한 거긴 한데, 다른 곳도 아주 멋진 장소였죠. 이제 제 사무실이 여기 있습니다. 아주 멋져 보이지만, 이 사무실만으로는 제 수입을 짐작할 수 없을 거예요. 모든 일이 정말 순조롭게 잘 되고 있어요. 네빌, 올해만 25만 달러를 벌어들였어요."

미국에서 이 정도의 수입은 어마어마한 것입니다. 다른 나라에서도 이 정도면 굉장히 많은 돈일 것입니다. 그리고 25만 달러를 벌어들인다는 것은 미국사회의 상류층에서도 높은 소득수준입니다.

그는 불과 몇 해 전만해도 피부색 때문에 세상이 자신에 대해 적대적이라고 믿던 사람이었습니다. 하지만 이제 자신이 머무는 의식 상태가 곧 자신임을 깨달았습니다. 그에게는 두 가지 선택지가 있었습니다. 예전처럼 무분별하게 받아들였던 한계 속으로 다시 걸어 내려가거나 그가 이제 새롭게 찾아낸 자유 속으로 계속해서 걸어 올라가든가, 그 선택은 전적으로 그의 것입니다.

우리도 삶에서 목적을 뚜렷이 하고, 계속해서 목적을 마음속에 채운다면 원하는 어떤 존재도 될 수 있습니다. 그 목적은 습관처럼 배어야 합니다. 우리가 이 교회를 떠날 때도 지금 입고 있는 고귀한 관념의 옷을 잠시라도 벗어놓아서는 안 됩니다. 이곳에서 우리는 자유로움을 느낍니다. 우리 모두에겐 공통된 것이 있어서 지금 이곳에 모였습니다. 하지만 이 문을 나가 버스를 탈 때에도 지금 지니고 있는 관념들을 계속해서 지닐 수 있겠습니까? 아니면 우리가 이전에 가졌던, 자신을 속박했던 한계 속으로 다시 돌아가겠습니까? 선택은 우리에게 달렸습니다.

우리가 배워야 할 가장 어려운 가르침은, 이 세상 누구도 내가 부르지 않으면 나의 세계 속으로 들어올 수 없다는 사실입니다.

수천 년 전에도 이 가르침을 들었던 사람들이 했던 것처럼, 등을 돌리고 떠나지 마십시오. 그렇게 한다면 위대한 진리로부터 떨어져나가는 것입니다. 그렇게 많은 사람이 등을 돌리고 다시는 그 진리와 함께하지 않았고, 소수의 사람만

남았습니다.

하지만 이 가르침이 영원한 진리의 말씀이라면 그들은 어디로 가겠습니까? 그때 그 시대에만 통하던 진리가 아닙니다. 이것은 존재의 법칙이고 나의 존재의 모든 차원에서 작용되는 것이라면 그리고 이것이 영원한 진리라면, 그렇다면 우리는 이것을 지금 당장 배워야 합니다. 설령 그 신사분이 했던 것처럼 3년이란 시간 동안 자신과 싸우게 될지라도 말이죠.

'나'의 느낌은 선택할 수 있습니다. 무한히 많은 상태들이 존재하지만, '나'는 그 어떤 상태도 아닙니다. 단지 '나'는 어떤 상태 속으로 들어가서 그것과 하나가 되었을 때 스스로를 그 상태라고 믿어버릴 뿐입니다.

어린 시절에 주어진 한계를 분별하지 않고 받아들였고, 그 한계와 하나 되어서는 그것을 사실로 믿어버렸습니다. 그렇게 오랜 시간 함께 해왔던 뿌리 박힌 생각들을 '나'에게서 풀어내는 데 그 신사분은 3년이란 시간이 걸렸습니다. 여러분은 이 일을 아주 순식간에 해낼 수도 있고, 아니면 그 신사분처럼 3년이 걸릴 수도 있습니다. 시간이 얼마나 걸리는지 알 수는 없지만 이렇게 말씀드릴 수는 있습니다.

> 자연스러운 느낌이 그 시간을 결정합니다. 느낌이 자연스러워질 때까지 유지해야 합니다.
> 그 느낌이 자연스럽게 흘러나오는 순간, 여러분의 세상 안에서 결실을 보게 될 것입니다.

저는 이 이야기를 소규모 모임에서 했던 적이 있습니다. 많은 수는 아니고 세 사람이 이런 질문을 던졌습니다.

"하지만 분명 그 사람은 이전에도 돈을 가지고 있었을 거예요. 아니면 도움을 줄 만한 사람을 알고 있었을 거예요. 아니면 어느 정도 그렇게 하기 위한 재산이 있었던 것이 틀림없어요."

저는 그 신사분에게 자세한 내용을 묻지 않았습니다. 사무실을 들어가 봤지만, 그의 장부를 본 것도 아닙니다. 그 신사분이 이 이야기를 저에게 자발적으로 해줬고, 그 해에 25만 달러의 수익을 얻었다고 말했습니다. 확인해보지는 않았지만 저는 전적으로 그 말을 믿습니다. 이 법칙을 사용하기 위해서는 어떤 조건이 필요하다고 말씀하시는 분이 있다면 그런 분들과 함께 해나갈 수는 없습니다.

아무것도 없어도 지금 이 자리에서 시작할 수 있습니다. 여러분의 피부색, 말투, 인종, 배경 따위는 아무런 장애가 되지 않습니다. 만약에 여전히 장애를 느끼고 있다면, 오직 여러분이 머물고 있는 의식 상태 때문입니다.

인간은 자신이 머물고 있는 마음상태로 인해 한없이 자유로워질 수도 있고, 끝없는 속박 속에 갇힐 수도 있습니다. 만약 여러분이 이전의 상태를 계속 고집한다면, 그렇습니다, '고집한다면', 그 누구도 여러분의 상처를 치료해줄 수 없습니다. 자신의 상처를 치료할 사람은 자신, 오직 자신뿐이라는 것을 깨달았을 때에는 큰 충격을 받을 것입니다.

우리는 누군가가 함께 울어주기를 바라는 마음으로 울고 있습니다. 그런데 나의 상처에 진정으로 관심을 가진 사람이란 아무도 없다는 것을 알게 되는 날, 큰 충격을 받게 됩니다. 어떤 이들이 지나가다가 나의 상처에 잠시 귀를 기울여줄 수는 있습니다. 하지만 진심으로 관심 갖지는 않습니다. 그 사실을 알게 되었을 때, 우리는 머물러 있던 자리에서 자신을 흔들어내고는, 확신에 차서 세상이 존재하기 이전부터 우리에게 주어졌던 선물, 즉 창조의 힘을 받아야 합니다.

그 선물을 제가 보여드리겠습니다. 여러분은 매일 주기도문(Lord's Prayer)을 읽었을 것입니다. 하지만 여러분이 지금 읽고 있는 것은 복음서 저자의 뜻을 제대로 표현하지 못한 번역본을 다시 영어로 번역한 것입니다. 제대로 된 번역본인 패러 팬턴(Farrar Fenton)의 책을 보면 당위적 수동형(imperative passive mood)으로 쓰인 것을 볼 수 있습니다. 그것은 이미 완벽하게 이루어졌다는 것에 대한, 흔들리지 않는 명령과 같으며, 우주를, 명령을 하면 모든 것을 다 갖다 줄 수 있는 거대한 자판기처럼 바라봅니다. 이루어져야 할 것은 없습니다. 모든 것은 이미 존재하고 있습니다. 성경에서는 이런 식으로 표현되어 있습니다.

"그대의 뜻은 이루어져 있음에 틀림없고,
그대의 왕국은 재건되어 있음에 틀림없다."

당위적 수동형을 표현하려 한다면, 이런 방식으로 표현할 수밖에 없습니다. 하지만 우리의 성경은 라틴어 성경을 번역한 것이기에, 여기에는 수동적 명령형을 표현할 수 있는 문법 구조가 존재하지 않습니다. 우리는 이렇게 진정한 열쇠를 제공해주지 못하는 성경을 읽고 있습니다.

모든 것이 이미 지금 존재함을 볼 수 있다면 우리는 무엇이 되기 위해 애쓸 필요가 없습니다. 단지 거할 상태를 선택하면 됩니다. 그 상태 안에 거하게 되면 마치 새로 되어 가는 듯 보일 뿐, 그 상태는 가장 미세한 부분까지 이미 사실로 존재한 채, 펼쳐지고 있습니다. 우리가 그 상태를 차지하면 그 상태가 펼쳐지는 과정을 겪는 것처럼 보이지만, 실은 그 상태는 이미 완전하게 끝맺어져 전개되고 있습니다. 그러니 이제 당신은 원하는 존재를 선택할 수 있고 지금 표현하고 있는 나가 아닌 다른 상태의 나를 선택하는 순간 '나'의 느낌을 바꾸는 일이 시작됩니다.

'나'의 느낌이 바뀌었는지를 우리는 어떻게 알 수 있을까요? 우선 삶에 대한 나의 반응을 있는 그대로 관찰하십시오. 그리고 내가 선택한 상태와 자신을 동일시했다고 생각될 때, 그때의 반응을 다시 살펴보십시오. 만약에 세상에 대한 반응이 이전과 같다면, 아직 그 선택과 하나가 되지 않은 것입니다. 반응이란 자동적으로 이루어지기 때문에 내가 바뀌었다면 삶에 대한 반응도 자연스럽게 변했을 것입니다. 그래서 '나'의 느낌이 변했다면 나의 반응을 변화시킬 것이고, 그것은 또 환경과 행동의 변화를 이끌어낼 것입니다.

하지만 다음을 주의하십시오. 감정이 잠깐 변하는 것은 진정한 변화라 할 수 없습니다. 그것은 진정한 의식의 변화가 아닙니다. 잠깐 감정을 변화시켰지만 그것은 또 상반된 감정 속으로 아주 빠르게 들어갈 수 있습니다. 그 신사분처럼 밑바탕에 깔려 있는 자신의 분위기, 즉 의식의 상태를 바꾸었다고 말할 수 있으려면 나의 이성이 거부하던 존재가 이미 되었다는 것을 사실로 받아들이고 그 상태를 확고하게 유지해서 그 상태로부터 나의 모든 에너지가 흘러나오게 할 수 있어야 합니다. 그렇게 된다면 나는 더 이상 '그 상태를 생각하는 것'이 아니라, '그 상태로부터 생각하고 있는 것'입니다.

어떤 상태가 완전히 안정되어 다른 모든 경쟁상태를 밀어낼 만큼 견고해지면, 그 중심적이고 습관적인 의식의 상태가 나의 개성을 규정하게 되고, 이것이야말로 진정한 변형, 의식의 변화입니다. 이렇게 견고한 마음상태에 이르게 된다면 이 내적인 변화에 맞추어 나의 세상이 스스로를 다시 재건하게 됩니다. 사람들은 나를 돕고자 나의 세상 속으로 들어옵니다. 그들은 그런 마음이 자발적인 충동으로 일어났다고 생각할 것입니다. 하지만 그들은 단지 자신에게 주어진 역할을 수행하고 있을 뿐입니다. 내가 내 의식 상태를 바꾸었기 때문에, 그들도 그에 맞는 행동을 할 수밖에 없습니다. 하나의 의식 상태에서 다른 의식 상태로 옮겨갔기 때문에 나를 둘러싼 세상에 대한 관계가 변화되었고, 그 변화된 관계는 나의 세상과의 관계 속에서 사람들의 행동을 변화시킵니다. 그래서 주변사람들은 나에 대해 다른 행동을 할 수밖에 없습니다.

'나'를 바꾸는 일은 욕망에서 시작됩니다. 이 욕망에 대해서는 내일 밤 강연에서 상세하게 설명하겠습니다.

욕망은 행동을 하게 만드는 근원입니다. 우리는 지금의 자신이 아닌 다른 존재가 되기를 진심으로 원해야 합니다. 그렇지 않다면 변화는 일어나지 않습니다. 우리가 실패하는 이유는 이상(idea)과 충분히 사랑에 빠지지 않았기 때문입니다.

그 이상이 여러분의 마음을 사로잡을 정도로 완전하게 사랑에 빠진다면, 얼마 지나지 않아 여러분의 세상 안에 그 이상이 드러날 것이라고, 저는 확신합니다.

우리가 실패하는 진짜 이유는 변화를 갈망하지 않기 때문입니다. 변화를 일으킬 만큼의 충동과 굶주림이 부족하기 때문입니다. 그 까닭은 두 가지뿐입니다. 우리가 이 법칙을 알지 못하거나, 진정으로 변화를 일어나게 할 정도의 충분한 충동 혹은 열망을 가지지 않았기에 그렇습니다.

'나'의 느낌을 변화시킨다면 세상에 대한 반응은 그에 따라서 변하게 됩니다. 그 변화된 반응은 세상에 변화를 또 불러옵니다. 지금 여러분의 세상이 마음에 들고 흡족하게 느껴진다면 신비의 여정으로 길을 떠나지 못하는 것입니다. 왜냐하면 첫 번째의 커다란 지복은 만족하지 않는 자에게 드러나기 때문입니다.

"심령이 가난한 자는 축복받더라."

여러분은 만족하거나 안주해서는 안 되며, 심령이 가난해야(poor in spirit) 합니다. 현재의 상황에 부족함이 없다고 생각하거나, 태어날 때부터 이어받은 종교에 만족해하며 불만을 느끼지 못하면서 바뀔 마음조차 없는 사람은 만족해 있는 사람입니다. 그는 심령이 가난한 자가 아니라 심령이 부유한 자입니다. 그곳에는 하느님의 왕국이 없습니다.

여러분이 지금의 자아에 만족하지 않게 된다면, 그때 비로소 여러분은 그 자아를 인식하고 변화시키기 시작할 것입니다. 인간이 활동할 수 있는 영역은 오직 자신 안입니다. 다른 이의 자아 안에서 활동할 수는 없습니다. 여러분의 자아를 바꾸는 날, 그날은 여러분의 세상을 바꾸는 날이 될 것입니다.

이제 강의시간이 거의 끝나가고 있습니다. 저는 여러분에게 이 강의에 계속 오라고 강요하지 않겠습니다. 내일 강의에 올 때 정말로 갈망하는 마음이 없이 참석한다면 아무런 이득도 얻지 못할 겁니다. 그러나 저는 여러분이 계속해서 이 강의에 참석하기를 진심으로 바랍니다. 만약 제가 전한 이 진리를 시험해보고 싶다면, 심지어 그것이 거짓임을 증명하려는 마음으로라도 도전해보십시오. 저는 그 도전을 기꺼이 받아들이겠습니다. 왜냐하면 진지하게 그 실험을 해본다면 여러분은 그것이 진실임을 발견하게 될 것이라고 확신하기 때문입니다.

많은 분이 오셔서 저와 함께 이 잘 차려진 만찬을 즐기시길 진심으로 바랍니다. 3주 동안 월요일부터 금요일에 걸쳐 15일간 저녁 시간에 이 도시의 에벨극장에서 강연을 열 것입니다. 여러분이 이 모든 강의에 빠지지 않고 참석하기를 진심으로 바라지만, 그렇지 못하다면 각 날짜의 강연주제를 보고 마음에 드는 날짜에 오십시오.

내일 밤 강연은 이 세상에서 목적을 명확히 세우고, 그 목적을 지니는 것의 중요성에 대해 이야기할 것입니다. 이것은 기초가 됩니다. 목적이 뚜렷하지 않다면 여러분의 삶은 정처 없이 떠돌기에, 야고보서에서는 이렇게 경고하고 있습니다.

"두 가지 마음을 내는 자는 모든 것에서 흔들리니,
그런 사람은
주님의 어떤 것도 받게 될 것이라고 생각하지 말라.
왜냐하면 그는 바람에 나부끼고 흔들리는
파도와 같기 때문이더라."

그런 사람은 결코 자신이 세워놓은 목표에 도달하지 못할 것입니다. 그래서 여러분은 분명한 목적을 가져야만 합니다. 내일 저녁에 욕망을 뚜렷하게 하는 것이 왜 중요한지를 설명하겠습니다. 어떤 학파에서는 자신의 욕망을 죽이라고 가르치기도 하지만, 우리는 욕망을 강렬하게 만들라고 말합니다. 그렇게 가르치는 이유를 보여드릴 것이고 성경에서는 욕망에 관해서 어떻게 말하고 있는지 보여드리겠습니다.

이제, 오늘 많은 분이 질문했던 기도의 방법에 대해 말해보겠습니다. 일요일에 오지 않았던 분들을 위해서 다시 정리하겠습니다. 방법은 굉장히 간단합니다.

일요일에 이야기했던 것처럼, 여러분이 상상력을 사용할 때에는 사랑으로 다른 이를 위하여 사용하십시오. 그것이 바로 하느님을 인간에게 중재하는 행위입니다. 조용히 앉아서 우리의 아버지를 모방하면 됩니다.

아버지는 세상에 드러내고 싶은 것이 있을 때 그 존재가 되었다는 것을 인식함으로써 세상을 창조하셨습니다. 그러므로 우리도 앉아서, 우리가 소망을 이룬 것을 누군가 보고는 축하해주는 소리를 듣습니다. 우리는 결과에 서서 그때 들었을 만한 것을 듣고, 보았을 만한 것을 봅니다. 이 방법으로 우리는 기도가 응답받은 상황 속에 있는 것을 느끼기 시작합니다. 그 상황 속에서 약 2분 정도 침묵 속에서 머무르십시오.

여러분이 이렇게 하는 것을 돕기 위해 불을 낮추겠습니다. 만약 목이 불편하다면 기침을 하도록 하십시오. 의자에서 자리가 불편하다고 느껴진다면 자세를 바꿔보십시오. 집에 혼자 있는 것처럼 느껴야 합니다. 만약에 옆 사람에게 방해를 주지 않기 위해서 애쓴다면 상상을 하기 힘들 것입니다. 이제 저도 자리에 앉아서 주의를 기울여 내부의 소리를 들어볼 것입니다. 이 약속을 하나 드리죠. 마음이 전혀 흔들리지 않는 때가 오면, 외부의 소리처럼 여러분 안에서 이야기하는 소리를 들을 수 있을 것입니다.

이제 침묵 속으로 들어가겠습니다.

YOUR SUPREME DOMINION

최상의 지배권

욥은 폭풍의 한가운데에서,
세상의 모든 문제 한가운데에서
올바름을 꽉 잡고 놓지 않았습니다.
자신이 자유롭다는 것을 사실로 받아들였고,
무한한 시간 속에서 자신의 마음은
자신을 결코 가혹하게 판단할 수 없다는 것을 알면서
올바름을 꽉 잡았습니다.
여러분도 욥처럼
올바름을 잡고 놓지 마십시오.

아시다시피, 오늘 아침의 주제는 '최상의 지배권'입니다. 대부분의 사람들은 그런 절대적인 지배권을 지금 행사하지 못하고 있습니다. 심지어 자신이 그런 권한을 가지고 있다는 상상조차 못합니다. 창세기 첫 장에는 이렇게 기록되어 있습니다.

"하느님께서 자신의 형상대로 인간을 만드셨으니,
하느님의 형상 안에서 인간을 지으셨고,
그들을 남자와 여자로 창조하시니라.
그리고는 그들에게 축복을 내리시며 말씀하시더라."

"이 땅에 결실을 맺으며 번성하고 가득 채우라.
그리고 바다의 물고기들과 공중의 새들과
땅 위를 기어 다니는 모든 것을 지배하라.
그리고 하느님께서 자신이 지은 모든 것을 보시니,
하느님께서 행하신 모든 것, 지으신 모든 것이
참으로 좋았더라."

성경을 마음에 관한 진리를 나타낸 것으로 보지 않고, 역사적인 사건들을 기록한 것으로 이해한다면 창세기의 저 구절을 이해할 수 없습니다. 그러나 성경이 인간의 마음과 의식의 법칙을 기록한 위대한 마음의 진리를 담은 책이라는 사실을 깨닫게 된다면, 그때 비로소 성경의 참된 의미가 눈앞에 열릴 것입니다.

성경에 기록된 땅은 인간을 가리킵니다. 인간

이야말로 길들여져야 할 위대한 마음의 땅이기 때문입니다. 인간 안에는 땅 위를 기어다니는 것들로 상징되는, 온갖 열망과 감정이 살고 있습니다. 인간의 깊은 내면 안에는 눈에 보이지 않는 상태들이 실제로 존재합니다. 이것들은 물고기로 상징되었습니다. 또 인간의 깊은 내면에는 헤아릴 수 없이 무한한 생각들이 살고 있으며, 성경에서는 이것들을 하늘을 나는 새들로 상징했습니다. 우리가 다스려야 할 것은 다름 아닌 우리 자신입니다. 인간이 자기 자신을 다스릴 때, 비로소 약속된 권세가 주어지고, 이 경이로운 존재라는 땅 위에서 참된 지배권을 행사하게 됩니다.

성경에서 말하는 땅이 우리 자신임을 모른다면 세상 밖으로 나가 눈에 보이는 세상을 정복해야 한다고 생각할 것입니다. 그러나 세상은 언제나 인간 자신이 내부에서 행한 일이 투영된 것에 불과합니다. 우리는 그것을 모르고, 외부의 거대한 세계 앞에서 스스로를 작고 보잘것없다고 느끼고 있습니다.

성경을 보면 인간이 스스로를 메뚜기로 부르는 구절이 나옵니다. 그렇게 자신을 메뚜기라고 불렀기에 자신을 둘러싼 것들이 거인들로 보입니다. 자신을 둘러싸고 있는 거인들, 이를테면 산업이란 거인들과 경제란 거인들이 우리 눈앞에 나타납니다. 인간은 자신이라는 땅을 다스리는 방법을 모르기 때문에 스스로를 작은 존재로 느낍니다. 인간이 그 방법을 깨닫게 된다면 이미 의식의 영역 안에 최고의 지배권한이 주어져 있음을 알게 됩니다. 의식의 영역 안에서 인생의 모든 드라마가 반복해서 일어나고 있습니다. 따라서 시작은 언제나 자신으로부터여야 합니다.

그때서야 비로소 이 눈에 보이는 아름다운 세상을 '하느님에게서 쫓겨난 이들을 위한 유배지'라는 오해를 멈추게 됩니다. 이 세상은 아버지의 살아있는 의복이자 하나의 음성입니다. 베일 뒤에 숨겨진 것들과 마음의 장막 뒤에 숨겨진 것들을 드러내고 있는 하나의 음성입니다. 우리들에게는 어느 정도 통역이 필요한 불협화음으로 들리겠지만, 지혜로운 자에게는 하나의 분명한 음성으로 들립니다. 이 사실을 깨닫게 되면 숨겨진 원인들을 찾기 위해 우리의 시선은 내부를 향하게 됩니다.

그리하여 물고기들이 어떻게 헤엄치고, 이것들이 바깥세상과는 어떤 관계를 맺고 있는지 보기 위해서 깊은 물속을 보게 될 것입니다. 이 깊은 곳을 이루고 있는 모습들은 우리 삶을 둘러싼 환경과 조건으로 나타나고 있습니다.

그러니 만약 여러분이 아직 이 가르침을 실천에 옮기지 않았다면 지금 바로 시작하십시오. 여러분은 가르침에 따라 세상에 펼쳐진 투쟁적인 모습을 하느님의 정원으로 보아야 합니다. 그 정원은 에덴이라고 불리며, 그곳을 가꾸고 돌볼 책임이 우리에게 부여됐습니다.

하느님의 정원은 다름 아닌 인간입니다. 더 정확히 말하자면 인간의 마음입니다. 인간이 살지 않는 야생에서는 정원이 없습니다. 나무와 꽃이 자리한 곳에 인간이 없다면 그곳은 야생의 숲으로 변하게 될 것입니다. 인간이 그 야생의 숲에 들어가게 되었을 때 그곳에 있던 잘못된 생각이라는 나무와 씨앗은 베어지고 파헤쳐집니다. 여러분은 그 땅을 깨끗하게 치우고 다시 경작하여, 그곳에 유익한 씨앗을 지혜롭게 뿌립니다. 여러분이 어떤 생각을 품을지를, 다시 말해 어떤 씨앗을 심어서 경작할지를 선택할 권한을 지니기에 여러분에게는 지배의 권한이 있습니다. 마음 안에서 일군 것들이 외부세상에 그 결실들을 계속해서 가져온다는 것을 알기 때문에 아버지의 살아있는 의복 안에 나타내고 싶은 것만을 고를 것입니다. 왜냐하면 이 거대한 세계 전체는 하느님 아버지께서 두르고 있는 살아 있는 의복이기 때문입니다.

그렇다면 성경에서는 어떻게 그 결실들을 수확했습니까? 하느님은 자신의 형상 안에서 인간을 만드셨다고 말합니다. 여기에는 깊은 비밀이 있습니다. 정신적인 앎과 영적인 앎은 전혀 다르기 때문입니다.

우리가 정신적으로 어떤 것을 알려고 한다면, 그것을 보고는 다른 것들과 비교하고, 분석하고, 정의를 내리고, 그 외관을 묘사하기도 합니다.

그러나 영적으로 무언가를 알기 위해서는 우리 자신이 알고자 하는 것이 되어야만 가능합니다. 만약 우리가 어떤 것을 영적으로 알기 원한다면 우리는 정말 그것이 되어야만 합니다. 사랑이 무엇인지 알기 원한다면 사랑 그 자체가 되어야 합니다. 하느님이 어떤 존재인지 알기 원한다면 우리는 하느님처럼 되어야만 합니다.

하느님은 자신이 아닌 외부의 어떤 것에서 우리를 만든 것이 아니라, 그분은 인간이 됨으로써 인간을 창조하셨습니다. 그것이 완전한 창조의 방식입니다. 하느님은 내가 되심으로써 나를 창조하셨습니다. 이것 이외에 나를 창조할 수 있는 방법이란 없습니다.

그렇게 하느님은 인간을 알기 위해서 인간이 되셨습니다. 하느님은 모든 것을 영적으로 아시고, 보기에 아주 좋다고 말씀하셨습니다.

이제 하느님께서 인간이 되심으로써 인간을 창조하셨듯, 나 또한 다음의 명령을 따라야만 합니다.

"나가서 이 땅을 돌보고 이곳을 다스리라."

나는 바로 여기서 말하는 땅입니다. 나는 하느님이 일구셨던 것과 같은 방법으로 '나'라는 땅을 일구어야 합니다.

하느님은 세상이 되심으로써 세상을 일구셨습니다. 나는 이제 인간으로서, 내가 원하는 존재가 됨으로써 이 땅을 일굽니다. 그래서 인간으로서 내가 드러내고 싶은 모든 것들을 세세히 정하고, 그것에 이름을 붙이고 그것과 하나 되는 방법을 배워야 합니다.

하느님이 내가 되어 나를 알았듯, 나도 내가 되고자 하는 존재가 되어 그것을 알게 됩니다. 그 존재와 하나 되어 그 안에서 살고, 그것에 육신의 옷을 입혀 현실 속에 불러냅니다.

내가 사랑하는 것들이 그 본연의 생명을 지니고 있는 상태로부터 떨어져 나가지 않는 한, 세상에 나타난 내 것 중 어떤 것도 빼앗길 수는 없습니다. 내가 아름다운 세상, 친절한 세상, 안정된 세상 안에서, 그리고 우리가 즐기는 모든 아름다운 것 안에서 살고 있다면 내가 스스로 이런 상태에서 나를 분리시키지 않는 한, 세상 어떤 힘도 내게서 이런 것들을 빼어갈 수는 없습니다. 이제 이 진리를 이해했다면 우리는 이 땅을 일구기 시작해야 합니다. 부정적인 마음상태와 사랑스럽지 않은 감정의 잡초를 뽑아내고, 외부세상이 아닌 이런 내적인 세상을 다스려야 합니다. 이렇게 자아 안에서 일궈낸 것들은 외부세상을 통해 드러납니다.

그렇다면 그 일은 어떻게 이루어졌을까요? 창세기에 그 내용이 나옵니다. 그 일을 한 사람에게 약속이 주어졌습니다. 약속은 그가 상상할 수 있는 한계를 넘어선 완벽한 확장입니다. 그 일을 가장 먼저 했던 사람은 야곱입니다. 저는 야곱입니다. 여러분이 마음을 일구기 시작했다면 여러분 역시 야곱입니다. 사람들은 모두 야곱이 될 수 있습니다.

야곱은 그 일을 올바름(righteousness)으로 이뤄냈습니다. 야곱은 올바름을 통해 그 일을 했고, 그가 가진 것들은 넘치도록 많은 양으로 불어났습니다. 양과 소는 셀 수 없이 불어났고, 그의 여종과 하인, 낙타의 수는 가늠할 수 없을 정도로 늘어났습니다. 그는 이렇게 말했습니다.

"나의 올바름이 장차 나를 위해 증언하리라."

올바름은 올바른 의식을 말합니다. 올바른 의식이라고 말할 수 있는 유일한 것은 여러분이 이미 원하는 모습이 되었다고 인식하는 것입니다. 바로 그런 인식을 가져야만 여러분은 눈에 보이지도 않는 상태와 하나가 될 수 있습니다. 여러분의 눈으로는 원하는 상태를 볼 수 없지만, 그 상태를 사실로 받아들인다면 그것과 하나가 됩니다.

이것은 깊은 물속에 낚싯줄을 드리우는 것이고, 그렇게 그 깊은 내면을 다스리기 시작합니다. 느낌이라는 매개체를 이용해서, 여러분이 원하는 모습이 이미 되었다는 감각을 가지십시오. 그 느낌이 바로 새로운 상태로 들어가는 문입니다. 이것이 여러분의 세상 안에 넘치도록 많은 것을 만들어내는 방법입니다. 그렇게 여러분은 여러분의 세상 안에서 넘치도록 확장시켜 나갈 야곱이 될 것입니다.

다음으로 볼 사람은 욥입니다. 여기 인간이 겪을 수 있는 모든 시련과 재앙, 그 한가운데에서 욥은 말합니다.

"나는 나의 올바름을 잡고 놓지 않으리니,
내가 살아있는 한 나의 마음이 나를
가혹하게 판단하지 못하리라."

그는 폭풍 한가운데에서, 즉 세상의 모든 문제 한가운데에서 올바름을 꽉 잡고 놓지 않았습니다. 자신이 자유롭다는 것을 사실로 받아들였고, 무한한 시간 속에서 자신의 마음은 자신을 결코 가혹하게 판단할 수 없다는 것을 알면서 올바른 의식을 꽉 잡았습니다. 이것이 곧 자유의식이며, 어떤 외부의 폭풍 속에서도 흔들리지 않는 참된 올바름입니다.

그러면 다음과 같이 말해집니다.

"이 땅의 길들여진 자(meek)는 올바름을 구하니,
이 땅을 받을 자는 길들여진 자(meek)이더라."

길들여진 자는 땅을 물려받게 된다고 말합니다. 길들여진 자는 메뚜기처럼 땅에 엎드려서 순종적인 태도를 취하는 자를 뜻한다고 들었을 것입니다. 하지만 그렇지 않습니다. "길들여진 자(meek)"를 바르게 해석해본다면 야생 동물이 온순해졌다고 말하는 것처럼 조련된 것을 말합니다. 자신의 마음과 존재를 다스려서 그 마음을 어떤 일에든 집중시켜 완수할 수 있는 사람, 그런 사람이 길들여진 자이고 이 땅을 물려받습니다.

길들여진 자는 항상 올바름을 구합니다. 그러므로 여러분이 오늘부터 이 땅을 정복하기로 마음먹었다면 올바름을 삶의 기준으로 삼아야 합니다. 만약 내가 올바르다면 이제 내가 심을 나무의 성질, 피워낼 꽃의 성질, 기를 동물의 성질, 잡을 물고기의 성질을 선택해야 합니다. 그 모든 것에 이름을 붙이십시오. 그것들은 곧 내가 표현하고자 하는 의식의 상태들을 말하며, 성경에서는 "보잘것없는 것들에게 아름다움을, 슬픔에 찬 마음에 기쁨의 영"이라고 표현됩니다. 이 모든 것을 '좋은 것(good)'이라고 부르며 무엇이든 좋은 것들에 거하라고 말합니다. 하느님은 모든 것을 보시고 "심히 좋았다"고 하셨습니다. 그렇기에 내가 '좋다'고 부르는 모든 것은 곧 올바른 판단이며, 의로운 판단입니다.

나의 감각은 그 판단이 사실이 아니라고 거부하고, 나의 이성은 그것을 실현하기 불가능하다고 말할지라도 나의 정원을 가꿀 사람은 나이고, 이 정원이야말로 유일하게 돌봐야 할 정원이고, 이것이야말로 내가 정복해야 할 유일한 땅이라는 것을 압니다. 그러니 지금 당장 시작하십시오. 아름다운 것들을 담대하게 사실로 받아들이십시오. 항상 아름다운 모든 것이 예루살렘에서 시작됐듯, 나도 나 자신에서부터 시작합니다. 그리고 그 안에서 피어난 아름다움을 세상에 전하십시오.

누군가를 만날 때 그 사람의 현재 모습에 현혹되지 말고, 그 사람의 진정한 모습을 인식하여 그를 자유롭게 만드십시오. 어떤 이가 그의 진정한 자신의 모습을 알지 못한다면, 여러분은 그를 위해서 그의 진정한 모습을 인식해야 합니다. 그리고 다시는 그의 육신을 만나지 못할지라도 그가 이미 자유롭다는 참 모습을 기억 속에 간직하십시오. 이것이 그 사람을 자유롭게 만들 것입니다. 이런 식으로 여러분은 자신의 정원을 가꾸는 중입니다.

이 땅은 여러분의 지배 아래 놓이게 되었고, 여러분은 그것을 다스립니다. 그때 지배의 권능이 주어집니다. 그래서 성경에서 말하는 이 땅이 여러분임을 안다면 여러분은 이 세상의 최고의 지배자가 됩니다. 인간은 이런 경이로운 일들이 일어나고 있는 정신적인 땅입니다.

인간은 모든 동물이 움직이는 정신적 땅이며, 모든 동물은 우리의 감정을 상징합니다. 하늘에서 날아다니는 모든 것은 여러분이 마음에 품은 생각입니다. 깊은 곳에 있는 모든 물고기는 여러분이 단지 올바르게 그물을 던지는 방법을 안다면 잡을 수 있는 보이지 않는 상태입니다.

우리는 밤에 낚시를 하지만 아무것도 잡지 못합니다. 그때 그물을 올바르게(right side) 던질 수 있는, 의로운(righteous) 자가 나타납니다. 그는 그물을 올바른 방법으로 던지고, 항상 올바른 쪽으로 던집니다. 여기서 올바른 쪽(right side)이란 올바름(righteousness) 혹은 올바른 의식(right consciousness)을 나타냅니다. 올바르게 그물을 던질 수 있는 자가 나타나야만 고기를 잡을 수 있습니다. 그리고 나는 그것을 잡을 것입니다.

나의 눈에는 고기가 보이지 않을지도 모릅니다. 하지만 꼭 그것을 볼 필요가 없습니다. 즉, 그것을 확인할 만한 감각의 증거를 기다릴 필요가 없습니다.

"그리고 그에게 믿음은 올바름으로 여겨지니."

그러므로 나는 깊은 곳 세상에 대한 믿음을 지닐 것입니다. 보이지 않는 실체에 대해서 믿음을 지닐 것입니다. 아직은 그 물고기를 눈으로 볼 수는 없지만 그 보이지 않는 상태가 실제로 존재한다는 것을 알고, 그 실체가 곧 드러날 것임을 믿습니다. 보이지 않는 것을 외부세상으로 가져올 때마다 나는 아버지의 아름다운 의복에 새로운 빛깔 하나를 더하게 됩니다. 그것이 나의 일이며, 나의 신성한 의무입니다.

이곳에 계신 분들 모두, 성경에서 말하고 있는 땅이 자신을 뜻한다는 것을 믿기 시작할 것입니다. 여러분은 그 정원의 한가운데 머물도록 선택받은 자입니다. 그러니 머물고 있는 그곳을 잘 가꾸어진 정원으로 만들어야 합니다. 성경은 이렇게 말합니다.

"유지하고, 지켜라, 그리고 잘 일구어라."

여러분은 마음속의 모든 생각을 다스릴 권능을 가지고 있습니다. 그러나 여러분은 자신의 생각을 통제할 수 없다고 말합니다. 물론 무언가가 방해하고 있을지 모르지만 그것을 받아들일지 거부할지의 선택권은 언제나 여러분에게 있습니다.

여러분이 어떤 것을 받아들인다면 여러분은 그것과 하나가 되고, 그 하나 된 상태는 존재의 법칙에 의해서 여러분의 세상 안에 모습을 드러냅니다. 그렇게 여러분의 정원의 모습을 보고, 정원에 심은 것이 무엇인지를 알게 될 것입니다.

이제 여러분의 정원에서 아름다운 꽃이 아닌 잡초를 발견했다면 단 한 순간도 머뭇거리지 마십시오. 발견한 즉시 잡초를 뽑아내고 새로운 정원으로 가꾸십시오. 그때부터 여러분은 진정으로 정원을 다스리기 시작하는 것입니다.

길들여진 자, 즉 마음을 통제한 자가 되십시오. 길들여진 자는 결코 비굴한 자가 아닙니다. 그는 확신에 차 있습니다. 도움을 얻기 위해 다른 이에게 시선을 돌리지 않는, 확신에 찬 가슴을 지닌 자입니다. 그는 해낼 수 있다는 것을 알면서 걷습니다. 그는 물고기를 잡을 수 있습니다. 즉, 깊은 내면에서 상상과 믿음으로 보이지 않는 것을 불러낼 줄 압니다. 성경에서 하늘을 나는 새라고 표현된, 마음에 떠다니는 생각들을 지배할 수 있습니다.

그는 영적으로 알기 시작할 것입니다. 외적인 것들에 대한 정보를 얻어서 머리로 이해하는 것이 아니라 유일하게 영적으로 알 수 있는 방법인, 그것과 하나가 되는 방법을 통해 알게 될 것입니다. 영적으로 사물을 아는 것을 배워야만 합니다. 사랑 안에 존재함으로써 사랑이 영적으로 무엇인지 아는 것을 배워야만 합니다. 이미 내가 안정적이라는 것을 인식함으로써 안정이라는 것이 영적으로 무엇인지 아는 것을 배워야만 합니다. 나는 이미 건강하다는 것을 인식함으로써 건강이 무엇인지 아는 것을 배워야만 합니다.

그리고 나의 올바름은 장차 나를 위해서 대답할 것이라는 것을 알아서, 올바름(righteousness)의 이름으로 이 상태를 유지해야만 합니다.

야곱의 외삼촌이 야곱에게 말했습니다.

"내가 너에게 어떤 약조를 해야 하느냐?"

"특정한 모습으로 태어난 것들만이 나의 것이라고 말해주소서. 그 외의 약속은 하지 마소서. 그리고 다른 보상도 다른 삯도 필요 없고 오직 얼룩진 송아지만이 나의 것이라고 약속해주소서. 소들은 얼룩진 것들이 없으나 얼룩진 모든 새끼들은 부모들이 얼룩지지 않았더라도, 그것은 나의 것이나이다.”

“그것은 나의 보상이고
나의 올바름은 장차 나를 위해 증언할 것이나이다.”

그리고 야곱은 자신의 세상이 얼룩진 송아지들로 가득 차있는 것을 사실로 받아들였습니다. 그러자 건강한 새끼들이 모두 얼룩을 지닌 채 태어났습니다. 그렇게 야곱은 인간이 품을 수 있는 상상, 그 이상으로 확장해 나갔습니다. 그의 내면의 믿음이 세상 속에서 풍요의 형상으로 드러난 것입니다.

이제 여러분도 야곱이 시작했던 것처럼 작은 것에서부터 시작하십시오. 세상 어디에도, 얼룩이 없는 부모 소가 얼룩진 송아지를 낳을 수 있다고 용기를 북돋아줄 수는 없습니다. 그러나 야곱은 그것이 가능하다는 것을 믿었습니다. 그리고 그것을 이미 사실로 받아들였습니다. 그 결과 그의 세상은 얼룩진 송아지들로 가득 찼고, 그 수는 천 배로 불어났습니다.

여러분의 경우에는, 어쩌면 이 이야기를 여러분의 사업에 빗대어 생각할 수도 있고, 혹은 의사가 여러분에게 심각한 병명을 진단 내린 상황에 빗대어 생각할 수도 있습니다. 그런데 잊지 마십시오. 의사는 자신이 아는 한도 안에서 최선을 다했을 뿐, 여러분을 두렵게 하려는 의도는 아니었습니다. 그는 단지 자신이 믿는 판단을 말한 것입니다. 그러나 여러분에게는 또 다른 법칙이 있습니다. 그것은 의사가 어떤 진단을 내리든, 여러분이 건강하다는 것을 사실로 받아들이라고 합니다. 내일이나 어쩌면 다음 날에도 나무가 모습을 드러내지 않더라도, 여러분의 올바름은 여러분에게 머지않아 대답할 것이라는 것을 아십시오.

격정의 한가운데에서, 사지로 내몰렸을 때조차 원하는 존재가 이미 되었다는 의식을 꽉 잡고 자신의 가슴이 자신에게 가혹하게 말하지 않도록 했던 욥처럼 하십시오. 욥은 죽음의 결말을 맞이하지 않았습니다. 여러분은 그 결말을 잘 알고 있을 것입니다.

계속해서 이렇게 말하고 있습니다.

"올바름으로써 죄들을 씻어버리고,
빗나간 과녁들을 없애라.
올바름을 갈망하고 쫓는 자들은 축복을 받으니,
곧 그들이 채워질 것이기 때문이다."

또 이렇게 말합니다.

"하느님과 하느님의 올바름을 먼저 구하라.
그러면 모든 것이 그대에게 더해질 것이더라."

하느님의 왕국은 여러분 안에 있다고 여러 번에 걸쳐 말했습니다. 성경은 계속해서 이 이야기를 반복합니다.

"하느님의 왕국과 하늘나라의 왕국은
그대 안에 있다."

그것들은 바깥에 존재하는 것이 아닙니다. 여러분은 바깥에서 하느님의 왕국을 찾는 듯합니다. 여러분이 바깥에서 보는 모든 것은 내부의 상태가 비춰진 모습일 뿐입니다.

그러니 내부를 먼저 구하십시오. 하느님의 올바름을 구하십시오. 그래서 여러분이 원하는 모습이 되었다면 여러분이 가졌을 만한 감정을 사실로 받아들이십시오. 그 감정을 계속 유지하고, 할 수 있는 한 그 감정 속에서 머무십시오. 그리고 그 올바름이 자신 위에 어떤 것을 가져오는지 보십시오. 올바름이 가져오는 것들은 항상 그 올바름의 성질들과 조화를 이룹니다. 그 성질과 관계없는 것들을 가져오지 않습니다.

내가 원하는 모습이 이미 되었다는 것을 사실로 받아들인다면, 사실로 받아들인 것들과 모순되는 사건들을 만날 수는 없습니다. 왜냐하면 내가 살고 있는 세상은 내가 의식 속에서 인식하고 있는 것들을 비춰주는 거울이기 때문입니다.

오늘 집으로 돌아가면, 창세기 1장 전체를 읽어보십시오. 굉장히 아름답습니다. 그중 27절을 우선 보겠습니다.

"그리하여 하느님이 자신의 형상대로
인간을 창조하셨으니,
하느님의 형상 안에서 그를 창조하시고,
그들을 남자와 여자로 만드셨더라."

그다음에는 무엇을 해야 하는지가 나오고, 그 일을 행했을 때의 약속이 주어집니다. 그리고 마지막으로 그 결과에 대한 판단이 이어집니다.

"그것이 좋고 참으로 좋더라."

여러분이 지금 일궈야 하는 땅은 여러분 자신이라는 것을 이해하십시오. 여러분이라는 땅을 일궈낸다면 많은 결실을 수확할 것입니다. 그 결실은 점점 늘어나, 마침내 세상을 가득 채울 것입니다.

지금은 이 땅이 황무지처럼 보일지 모르지만 정복할 수 있다면 결국 그 땅은 가득 채워질 것입니다. 성경이 말하는 이 '땅'은 정복해야 할 여러분 자신을 뜻합니다. 어떤 사람들은 오해해서 자신을 억누르고 쳐부수는 행위로 이해하거나, 세상과 떨어진 곳에 자신을 격리시키는 것이라 생각하거나, 삶으로부터 도망치는 일이라 여깁니다.

하지만 우리는 삶의 한가운데에서 인간이라는 투쟁의 상태를 길들여진 상태로 바꿀 수 있습니다. 외부의 환경들에 맞서 싸우지 않고도 그것을 초월할 수 있습니다. 왜냐하면 환경이란 것은 그것을 보는 자를 비추는 거울이기 때문입니다.

그러니 여러분을 둘러싼 환경에 분노의 마음을 지니지 마십시오. 그냥 그것들을 있는 그대로 두십시오. 환경이 변화하지 않았다면, 그것은 여러분이 올바름, 즉 이미 원하는 존재가 되었다는 의식에 믿음을 충실히 유지 못했다는 아주 명백한 증거입니다.

이미 원하는 사람이 되었다는 의식에 믿음을 유지했었다면 여러분의 세상은 여러분의 올바름과 조화를 이루어 변화되었을 것입니다. 그러니 세상에 대해 분노하지 마십시오. 그것들은 그냥 그대로 두시고, 오늘 이 순간부터 내면의 땅을 일구기 시작하십시오. 이 세상은 하느님의 발판이며, 인간의 마음입니다. 그래서 이 마음을 잘 가꾸십시오. 그러면 여러분은 좁은 길을 벗어나지 않고 걸을 것입니다. 좌우로 흔들리지 않을 것이며, 할 수 있다는 확신 속에서 걸어나갈 것입니다.

경험상, 새싹이 돋는 것을 보는 데 오래 걸리지 않을 것입니다. 꽃이 피어나는 것도 금세 보게 될 것입니다. 만약 여러분 자신을 완전히 다스릴 수 있다면, 그리고 자신을 판단하지 않고 관찰하면서 바라볼 수 있다면, 마음에 심어둔 씨앗은 온전히 모습을 드러낼 것입니다.

그러니 여러분이 삶에 대해 어떻게 반응하는지를 어떤 판단도 하지 않은 채 관찰하십시오. 그 반응이 곧 지금의 '땅', 여러분의 현재 상태가 어떤지 보여줍니다. 그 상태를 비난하지 말고, 단지 그것을 길들이십시오.

그리고 기억하십시오. 바다의 물고기와 하늘의 새와 땅 위를 걸어 다니는 모든 동물을 정말 지배할 수 있는 힘을 여러분이 가지고 있습니다. 그것들이 생각과 욕망 그리고 여러분 안에서 변화하는 감정을 나타낸다는 것을 알아서 오직 아름다운 것만을 마음에 품으십시오. 그것이 바로 의로운 정복, 즉 참된 창조의 시작입니다.

여러분은 여러분 의식의 영역 안에서 최고의 지배자이기 때문에 좋은 것들 위에만 머물러 여러분의 땅을 비옥하게 만들 수 있습니다. 그런데 어쩌면 여러분은 여러분의 땅이 작다고 말할지도 모릅니다. 여러분이 몸을 지니고 각자의 생명을 살아가는 것처럼 보이지만, 여러분은 저에게 뿌리내려 있고 여러분은 제 안에서 끝이 난다고 말할 수 있습니다. 제가 하느님 안에서 뿌리내려 있고 하느님 안에서 끝이 나는 것처럼 말이죠.

25억의 인구가 살고 있으며, 매년 그들은 이 보이는 세계를 떠나 보이지 않는 세계로 들어갑니다. 그들이 여러분의 세상 안으로 오고 나갈 때 세상 사람 모두는 실제로 여러분 안에 뿌리내려 있고 여러분 안에서 끝을 맞이하고 있으며, 그와 동시에 여러분은 여러분이 하느님이라 부르는 궁극적인 실체 안에 뿌리내려 있습니다. 그래서 광활한 이 세상 전체는 단지 여러분 안에 자리 잡고 있는 것입니다.

그 세상을 새롭게 다시 배열해서 여러분이 살기 원하는 아름다움을 비출 수 있도록 해야 합니다. 그 방법은 단 하나입니다. 최상의 것을 사실로 받아들이는 것입니다. 상상할 수 있는 최상의 것을 항상 마음에 품으십시오. 처음에는 예루살렘에서 시작하십시오. 즉, 자신의 내면에서 시작하십시오. 그러면 여러분이 자신에게 주었던 것을 밖으로 펼쳐내게 됩니다. 여러분이 그런 멋진 상태 안에서 산다면 여러분이 다른 이들에게 쏟아 부어줄 것은 오직 아름다운 것밖에 없습니다. 여러분이 다른 이들에게 선물로 줄 수 있는 유일한 것은 오직 자신밖에 없기 때문입니다. 그 외에 줄 것은 없습니다. 여러분이 좋은 상태에 있다면 여러분은 오직 좋은 것만을 줍니다. 그렇지 않다면 여러분의 상태가 어떤 것이든지 그것만을 주게 될 것입니다.

여러분은 세상에 대한 여러분의 반응을 살펴보면서 자신을 관찰하게 되었을 때 자신이 만족스럽지 않은 땅이라는 것을 발견할 수도 있습니다. 그러나 그것은 여전히 비옥한 땅입니다. 오랜 세월 쌓인 잘못된 생각의 나무들을 뽑아내고, 그 자리에 아름다움과 조화의 씨앗을 심으십시오. 그러면 그 씨앗에 맞는 열매를 곧 보게 될 것입니다.

이제 우리는 아버지께 입혀드릴 더 고귀한 옷, 곧 우리의 마음을 새롭게 짜기로 결심합니다. 우리의 눈에 비치는 이 아름다운 세상은 많은 사람들이 말하는 것처럼 '하느님으로부터 추방된 유배지'가 아닙니다. 우리는 이미 아버지의 한가운데에 살고 있습니다.

여러분이 나를 볼 때 여러분은 나의 아버지를 보는 것입니다. 여러분이 나를 볼 때면 여러분은 나의 마음상태를 보고 있는 것입니다. 왜냐하면 여러분이 보는 세상은 곧 내면의 상태이자 나의 아버지를 비추는 거울이기 때문입니다. 여러분은 내가 투영된 것을 볼 때 그것을 아들(Son)이라 부릅니다. 그리고 나를 둘러싼 나의 세상은 내가 지금 내면에서 어디에 서 있는지를 보여줍니다.

모든 내적 상태는 의식 안의 하나의 '장소'입니다. 내적인 상태는 내가 서 있는 자리입니다. 내부에서 내가 어느 곳에 서 있는지에 따라서 바깥 세상에서 무엇이 보이는지가 결정됩니다. 그래서 내가 아버지의 의복인 이 세상을 바라볼 때 그것이 혐오스러워 보이든 아름다워 보이든, 나의 내면의 구조를 보는 것뿐입니다.

나는 영원히 내가 진실이라고 받아들인 형상으로 나 자신을 입힙니다. 나는 오직 의식 안에서 나의 존재만을 볼 수 있습니다. 이 진리를 이해하고서 올바름, 즉 올바른 의식 상태를 구하겠다고 오늘 결심하십시오. 그리고 지금 이 순간에도 그 올바른 의식 속에서 사랑스럽고 아름다운 모든 것을 곧 수확하게 될 것임을 확신하십시오.

이제 여러분의 인생에서 하나의 고귀한 목적을 선택하십시오. 그것을 여러분이 세상에 나타내고 싶은 하나의 원하는 상태로서 명확하게 한 후에, 아주 간단한 질문을 자신에게 던져보십시오.

"그 고귀한 상태가 이미 현실이 되었다면,
어떤 느낌일까?"

이 질문에 대한 답으로, 하나의 느낌이 다가올 것입니다. 그 느낌을 사실로 받아들이십시오. 그것은 지금 현실이라는 곳이 아닌 곳에 실체를 지니고 있습니다. 그 실체는 지금 느끼는 객관적인 현실과는 완전히 독립적으로 존재합니다. 하지만 그곳 역시 이곳처럼 체계를 지니고, 깊은 곳 안에 실체를 지니고 있습니다. "그것이 사실이라면 어떤 기분이 들까?"라고 자신에게 묻는다면 하나의 느낌이 떠오를 것입니다. 그랬다면 여러분은 생각하고 있는 것에 이름을 붙인 것입니다. 만약 그것이 안정이라면, 만약 그것이 건강이라면, 만약 그것이 어떤 상태라면, 그 물고기는 여러분의 깊은 곳으로부터 나옵니다. 그것은 여러분의 깊은 곳 안에 놓여있고, 여러분은 그 느낌 안에 '나'를 놓습니다. 비록 눈으로 볼 수는 없지만 여러분은 실제로 그 위에 서 있는 것입니다. 이제 그 느낌을 계속 유지하십시오.

만약 여러분이 그 상태를 유지한다면, 성경에서는 3일 안에 여러분을 "메마른 땅에 토해내게" 될 것이라 합니다. "3"은 3일을 말하지 않습니다. "3"은 충만함과 완벽함을 뜻합니다. 그래서 그 모든 것이 자연스러워지고 현실처럼 느껴져, 현실과 같은 감각적 생생함을 지닐 때까지 3일 동안 그 물고기 배 안에서 살게 된다면, 그때 나는 성경에서는 "땅" 또는 "메마른 땅"으로 표현된 객관적인 실체 안으로 나를 토해낼 것입니다.

그것은 정말 실체를 지니고 있습니다. 다만 사람들은 즉각적으로 확인할 만한 객관적인 실체를 지니고 있지 못하기 때문에 그것에서 돌아서 버리는 것입니다. 하지만 여러분이 그 느낌 위에 세 날을 견디며 그 위를 타고 지낸다면, 만족함과 실체라는 느낌을 얻을 때까지 물고기 뱃속에 들어가 지내는 것이 무엇인지 알게 될 것입니다.

그 상태 안에서 여러분은 올바름을 가질 것이고, 여러분의 올바름은 장차 여러분을 위해서 증언해줄 것입니다. 그것은 여러분의 기대를 저버리지 않을 것이고, 기대를 저버릴 수도 없습니다.

이제 침묵 속으로 들어가겠습니다.

SOUND INVESTMENTS

확실한 투자

그대의 생각과 그대의 시간과
그대의 돈을 소비하는 것을 멈춰야만 한다.
삶의 모든 것은 투자가 되어야 한다.

오늘 주제는 '확실한 투자'입니다. 저는 오늘 이 자리에서, 지금까지 세상에 드러난 위대한 진리 중 하나라고 생각되는 것을 이야기해보겠습니다.

4월 12일 일요일 아침, 제 아내가 깊은 잠에서 막 깨어났을 때 아내는 어떤 뚜렷한 음성을 들었습니다. 아주 위엄 있는 목소리로 다음을 반복했습니다.

"그대는 그대의 생각과 그대의 시간과
그대의 돈을 소비하는 것을 멈춰야만 한다.
삶의 모든 것은 투자가 되어야 한다."

아내는 일어나자마자 들은 것을 빠르게 써내려갔습니다. 그리고는 그 문장 속의 중요한 단어인, '소비'와 '투자'를 어떻게 정의하는지 사전을 찾아봤습니다. '소비'에 대해서는, '헛되이 쓰는 것, 낭비하는 것, 돌려받는 것 없이 써버리는 것'이라고 정의되어 있었고, '투자'에 대해서는 '이득이 기대되는 목적을 위해서 쓰는 것'이라 적혀 있었습니다.

저는 그 문장을 살펴보기 시작했습니다.

"그대는 그대의 생각과 그대의 시간과
그대의 돈을 소비하는 것을 멈춰야만 한다.
삶의 모든 것은 투자가 되어야 한다."

곰곰이 이 말을 생각했을 때 모든 것이 현재(NOW)에 놓여 있다는 사실이 보였습니다. 현재라는 문을 통해서 모든 시간이 지나가고 있었습니다. 지금 내 자신을 인식하는 상태인, 이 정신적인 현재(NOW)는 과거 속으로 떠내려가는 것이 아닙니다. 그것은 나의 미래를 향해 다시 뻗어나가고 있습니다.

그래서 내가 지금 무엇을 하고 있느냐가 가장 중요합니다. 그리고 나의 생각은 하늘나라의 동전이자 하늘나라의 화폐입니다. 내가 지금 마음 속에 품고 있는 생각, 내가 받아들인 생각이 그러합니다.

> "모든 것은 그것들이 받아들여졌을 때
> 빛에 의해서 모습을 드러내니,
> 모습이 드러나는 모든 것은 곧 빛이더라"

에베소서의 윗 구절에서 '빛'으로 표현된 것은 의식을 뜻합니다. 그래서 내가 지금 받아들인 상태는 세상에 모습을 드러냅니다. 그리고 그렇게 드러난 모습은 우리의 눈으로 볼 수 있게끔 드러난 의식의 상태일 뿐이고, 나의 의식이 어떤 상태에 머물렀는지에 대한 증거입니다.

지금 이 순간에도, 나는 내게 다가오는 시간을 소비해버리거나 투자를 하는 중입니다. 불행히도 우리는 그런 하늘나라의 동전을 대부분 소비해버립니다. 아침, 점심, 저녁 아무것도 돌아오는 것이 없는 부정적인 상태 속에서 매 순간을 소비해버립니다. 우리가 하늘나라의 동전을 쉽게 소비했던 것처럼 우리는 그 순간을 투자할 수도 있습니다. 그렇게 한다면 어마어마하게 막대한 자산을 결국에는 되돌려받을 것입니다.

교회를 다니는 사람은 일요일 아침이면 투자의 시간을 가질지도 모릅니다. 예배를 보는 동안 잠시 고양됩니다. 만약 그 사람이 과도하게 냉소적이지만 않다면 찬송가에 도취되고, 독주와 오르간 음악과 목사님의 설교로 인해 고양된 감정을 가지게 될 것입니다. 바로 그 시간 동안 투자를 하는 것입니다. 하지만 예배가 끝나고 세상으로 돌아가면, 나머지 시간 대부분은 다시 소비하며 살아갑니다.

여러분이 전 재산을 '하나의 회사'에만 투자한다고 생각해봅시다. 그 회사가 아무리 크고 건실하더라도, 1년 후 이사회가 결산을 조정하고 배당을 미루기로 결정할 수도 있습니다. 만일 모든 생활비를 배당금에 의존하고 있었다면, 그럴 경우, 일상의 생활비를 위해 주식을 팔거나 빚을 내야 할지도 모릅니다.

하지만 만약 여러분이 매 순간마다 긍정적이고 건설적인 생각에 투자했다면, 단 하나의 회사 배당이 미뤄진다고 해서 아무런 문제가 되지 않습니다. 다양한 매 순간의 시간을 올바른 방향으로 투자를 해왔다면, 이미 여러분의 정신 안에는 엄청난 다양한 포트폴리오가 형성되어 있는 것이기 때문입니다.

만약 여러분이 원하는 것을 이뤄내는 데에 도움이 되지 않는 것들을 받아들이지 않고 매 순간을 긍정적인 생각과 건설적인 생각을 하는 데에 바친다면, 마음속에 품은 그 소망이 무엇이든지, 그것은 세상에서 가장 뚜렷한 실체가 될 것입니다. 여러분의 꿈을 이루는 데 도움을 주지 못한다면, 그것이 무엇이든지 절대 받아들이지 마십시오. 만약 받아들인다면 여러분은 소비를 하는 것입니다. 도움을 주지 못하는 것들을 거부하라 말하는 것이 아니라 완벽하게 받아들이지 말라는, 즉 완벽한 무시를 하라는 것입니다. 그래서 지금 듣고 있는 것 대신, 여러분이 들었으면 하는 것들을 향해 마음을 돌리십시오. 그렇게 한다면 여러분은 투자를 하는 것입니다. 바로 이것이 문제로부터 등을 돌리고 완벽하고 진정한 실체를 받아들이는 것입니다.

중요한 것은 무엇을 들었느냐가 아니라, 그것을 사실로 받아들였느냐입니다. 어떤 것을 사실로 받아들였냐에 따라, 소비가 될 수도, 투자가 될 수도 있습니다.

제 아내를 통해 전해진 이 계시는, 지금껏 제가 들은 진리 중에서도 손꼽을 만큼 위대한 것이었습니다. 만약 이것이 성경에 기록되었다면 성경만의 독특한 운율에 맞춰 이렇게 표현되었을 것입니다. "그리고 주 하느님은 그녀에게 오늘 말씀을 걸어오셨고, 하느님의 종인 그녀에게 말씀하시기를." 그리고 성경의 방식대로 나머지 진리를 이야기했을 것입니다. 하지만 그 진리는 평범한 제 아내에게 전해졌고, 평범한 방식으로 아내와 저를 가르치기 위해 주어졌습니다.

저는 4월 12일 아침, 그 이야기를 들은 이후 하루하루의 순간에 대해 훨씬 더 깊이 자각하게 되었습니다. 이제는 시간을 결코 소비하지 않고, 반드시 투자해야 한다는 사실을 알게 되었습니다. 시간은 너무 값진 것이고 이 순간은 과거 속으로 사라지는 것이 아니기 때문에 투자를 해야 합니다. 그것은 저 멀리로 떠나버리는 것이 아닙니다. 지금의 순간들은, 만약 소비되었다면 낭비된 것을 나에게 돌려주기 위해서, 아니면 현재의 순간들이 투자되었다면 아름다운 것들을 돌려주기 위해 항상 나의 미래를 향해 나아갑니다.

내가 만약 투자를 한다면 하나의 기대되는 이득을 위해 시간을 사용한 것입니다. 따라서 나는 그것이 가져다 줄 것들을 희망합니다. 단순한 희망이 아니라, 그 보상들을 기대하고 나의 투자에 대한 이득을 기대합니다. 그래서 바로 오늘, 지금 이 시간의 투자는 여러분에게 내일 거대한 배당금으로 돌아올 것입니다.

제가 2주 전에 이곳에서 지미 퓰러의 이야기를 한 적이 있습니다. 그때는 그에 대한 자세한 사정을 알지 못했습니다. 그런데 그날 강연이 끝난 후에 그리고 에벨 극장에서 강연이 끝난 후에 많은 분들이 찾아와서 그런 행운을 만들어낸 지미 퓰러는 아마도 많은 자금이 있었을 거라고 말했습니다. 저는 그 확신에 찬 주장에 대해 그렇다고도, 아니라고도 말할 수 없었습니다. 마치 여러분은 진실을 알고 있는 듯 말했고, 그 중 많은 분들이 그가 큰 자본을 가지고 있었기에 큰 이익을 얻었다고 저를 거의 설득할 정도였습니다. 그래서 지난 금요일 밤, 저는 지미에게 더 자세한 상황들을 말해달라고 부탁했습니다. 지미가 말했습니다.

"네빌, 당신이 4년 전에 이곳에 왔을 때 저는

당신이 하는 강의를 듣기 위해 여기에 왔었어요. 제 아내가 물었죠. '왜 네빌이라는 사람의 강의를 듣기 위해 가려는 거죠? 어디서 네빌이라는 사람에 대해서 들은 거예요?' 저는 어느 날 저녁 라디오에서 베일 박사가 하는 강의를 처음으로 듣고 있었어요. 그가 하는 강의에 흠뻑 빠져있었는데 강의를 끝마치면서, 네빌 고다드가 우리에게 와서 강의를 할 것이라며 그것을 꼭 들어야 한다고 말했어요. 베일 박사의 강의에 흠뻑 빠져있어서 그 다음날도 그의 강의를 들었는데, 그는 2주에 걸쳐서 계속 당신이 하는 강의를 홍보했고 당신에 대한 칭찬을 계속 했어요. 그래서 당신이 하는 강의를 꼭 들어야겠다고 마음먹었죠. 하지만 참석하는 데에 2달러가 들었어요. 제가 가진 돈이라곤 54달러밖에 없었죠. 제겐 아이가 하나 있는데 우리 아이는 혼자 있기에는 너무 어려, 아이를 돌봐줄 사람을 구해야 했어요. 그래도 아내와 저는 당신이 강연하는 곳에 모두 참석했죠. 하루는 돌봐줄 사람을 구할 돈이 없어서, 그날 하루만 참석하지 못했어요. 그 하루를 제외하고는, 전 재산이었던 54달러를 가지고 당신이 하는 강연에 모두 참석했어요. 네빌, 당신도 알다시피 3년이 지난 후에도 여전히 당신의 이론을 현실로 만들지 못했어요. 제 문제가 무언지는 이미 아실 겁니다."

혹시 이 이야기를 처음 듣는 분들을 위해 말하자면, 그는 흑인입니다. 그의 문제는 검은 피부 때문에 세상의 모든 것이 자신에 대해 적대적이라는 겁니다. 그러나 저는 이런 차별이 놓여 있는 곳은 오직 자신의 마음밖에 없다는 사실을, 그리고 자신이 한계로 받아들인 것이 한계를 만든다는 것을 말했고, 덧붙여 피부색깔에 대해 완전히 무관심해져서 스스로가 만든 한계들을 내려놓을 수 있다면 모든 꿈을 이룰 수 있을 것이라고 지미에게 말했습니다.

최근 지미는 완벽하게 이 진리를 받아들여, 매순간을 투자하여 한 해에 순수익만 25만 달러를 벌어들였습니다. 그가 사업을 시작했을 때에는 동전 하나조차 없었습니다. 결코 큰 자금으로 시작한 것이 아닙니다. 이 땅에서 지미가 투자할 수 있는 돈은 한푼도 없었고 오직 하느님의 동전만을 가지고 투자했을 뿐입니다. 하느님은 시간이라는 동전을 지미에게 주었습니다. 그래서 모든 사람이 다 지니고 있는 생각이란 것을 낭비하는 대신에, 또 모든 사람이 다 가지고 있는 시간이라는 것을 낭비하는 대신에 자신의 생각을 현재라는 시간에 투자했습니다. 그는 돈이 없었지만 생각이 돈이라는 것을 알았고, 지금의 매순간은 과거로 사라져서 다시는 돌아오지 않는 것이 아니라 하나의 투자의 대상이고, 투자된 것은 자신의 미래로 나아가서 다시 만나게 된다는 것을 알았습니다.

지미는 더 나아가, 이제 자신의 손이 거쳐가는 것은 그것이 무엇이든 황금으로 변한다고 말합니다. 지미에게는 세 아이가 있습니다. 이 아이들은 매주 일요일마다 이곳 주일학교에 옵니다. 지미는 자신이 어렸을 때 지니던 한계들을 아이들이 물려받는 것을 원치 않았고 이곳에서 가르치는 것을 아이들이 배우기를 원합니다. 그래서 지미는 매주 일요일마다 아내와 함께 해변이나 산으로 가고 싶기도 하지만, 이곳에 온다고 말합니다. 아이들이 자신은 가지지 못했던 기회를 갖기 원하기 때문입니다. 지미는 말합니다.

"제 형제들은 매우 종교적이에요. 하지만 매우 가난한 하느님을 숭배했었을 거예요. 형제들이 가난에 푹 빠져있는 것을 보면 알 수 있죠. 그래서 저는, 어머니와 형제들이 다니는 교회 근처에는 가지도 않을 겁니다. 왜냐하면 하느님이 가난이란 것을 우리에게 주었다고 생각할 수는 없기 때문이죠. 하지만 제 형제들은 빠지지 않고 그 교회를 나가고 있어요. 제가 이 마음의 과학 교회(Science of Mind Church)에서 진리를 깨달았을 때 제 아이들을 이곳으로 데리고 왔었죠. 아이들에게 일어났던 일을 말해볼게요.

"이곳에서 하느님은 사랑이고, 사랑은 제 아이들을 에워싼다고 가르치고 있죠. 그래서 아이들은 오직 사랑만이 있다는 것을 알고, 하느님이 사랑이라는 것을 배웠어요. 어느 날 저녁, 어린 딸이 굉장히 아프자 두 아들이 기도하면서 이렇게 말했어요. '하느님 감사합니다. 내일 누이가 건강합니다.' 아이들은 자기 누이가 지금 건강하다는 것을 믿을 순 없었지만 내일 아침에는 나을 거라고 믿었어요. 기적이었어요. 전날에 보이던 감기의 흔적은 남아있지 않고 딸아이는 완전히 나았죠. 이 두 아이들은 단지 감사를 표현했을 뿐이었어요.

"그 후에 아들이 진짜 작동하는 시계를 원했어요. 제가 마음만 먹었다면 시계 천 개도 사줄 수 있었죠. 하지만 저는 제 아들이 제가 최근에서야 깨달은 이 법칙을 스스로 배우길 원했어요. 저는 아이에게, 시계를 가지고 있다는 생각으로 마음을 채우라고 말하자 곧 그 말을 따랐죠. 그랬더니 학교 가는 길에 그것과 똑같은 시계를 주웠어요. 아이는 이제 법칙이 어떻게 작동하는지 알게 됐죠. 의식 안에서 완벽하게 받아들인 상태는 세상 밖에서 모습을 드러낸다는 것을요. 저와 아내는 아이들이 원하는 것이 있을 때 저희를 쳐다보며 사달라기보다는, 받아들이는 모든 것을 줄 수 있는 내부의 아버지인 우리 모두의 아버지를 인식하기를 원해요. 물론 제가 우리 아이에게 선물을 사 줄 수 있겠죠. 하지만 그렇게 한다면 아이는 저를 하느님의 힘이 주어지는 유일한 채널로 계속해서 의지하게 될 겁니다. 그건 절대 받아들일 수 없어요. 그래서 아이들이 이 법칙으로 사는 것을 보기를 원합니다. 아이들에게 하느님이란 존재는 사랑이고, 유일한 실체이고, 그 사랑이 자신들을 둘러싸고 있다고 생각해요. 그래서 아이들은 주일학교에 절대 빠지지 않을 거예요."

계속해서 지미는 단지 이 법칙을 받아들인 것만으로 일어난 놀라운 일을 제게 말해 주었습니다. 지미는 말했습니다.

"차를 사게 됐던 이야기인데요. 저는 법칙을 가볍게 사용했어요. 거실에 앉아서 카딜락을 운전하는 것을 상상했죠. 그것을 얻기 위한 현실적인 노력은 하지 않고, 단지 카딜락이 제 것이라고 받아들였어요. 그것을 얻겠다고 마음먹은 뒤, 거래처와 세 통화의 전화를 했고, 그날 바로 이

차를 얻게 되었죠. 이제 모든 일은 그렇게 일어나고 있어요. 지금은 사무실에 직접 나가 일하는 대신, 뒤에서 업무를 지시하고만 있죠. 저는 단지 앉아서 제 직원들이 전해주는 좋은 소식만을 들어요. 차를 타고 있을 때, 사무실에 있을 때, 집에 있을 때, 저는 좋은 소식만을 듣고 있어요. 이제 피부 색깔이라는 것에 대해선 완전히 잊었어요. 그리고 네빌, 저는 솔직히 제가 흑인으로 태어났기 때문에 그 누구보다 축복받았다고 이젠 말할 수 있어요. 흑인인 것이 자랑스러워요."

지미는 흥미로운 이야기를 하나 더 했습니다. 지미는 처분할 부동산이 몇 개 있어서 광고를 냈더니 한 남자에게서 전화가 왔습니다. 그는 광고를 보고 지미가 그 부동산의 주인인지 물었고, 지미는 그렇다고 대답했습니다. 그가 지미에게 첫마디로 한 말이 이랬습니다.

"검둥이의 부동산은 원치 않소."

지미는 제게 이렇게 말했습니다. "저는 아무 대답도 하지 않았어요. 마치 그 말을 듣지 못한 것처럼 행동했죠. 그가 편견을 가지고 싶다면 그건 그의 자유입니다. 그가 어리석게 굴고 싶다면 그것 역시 그의 권리죠. 그는 자신의 시간을 '소비'할 수도 있고, '투자'하지 않아도 됩니다. 그래서 저는 그에게 투자할 만한 여러 종류의 부동산이 있다고만 말했어요."

일주일 후에 그 남자가 다시 전화를 해서 지미와 만나기를 요구했습니다. 지미를 보고 그 남자는 거의 기절할 뻔 했지만 몇 분도 지나지 않아 3만 7천 달러어치의 부동산을 구입했습니다. 이후로도 이 신사분은 지미의 부동산을 사는 데에 수만 달러를 썼고, 계속 전화를 걸어 지미의 뛰어난 투자실력에 대해 고마워했습니다.

여기 자신의 피부를 자랑스러워하는 사람이 있습니다. 그에게 선입견이란 존재하지 않습니다. 선입견이라는 것은 자신의 시간을 낭비하게 만들기 때문에 그것에 주의를 기울일 여력이 없습니다. 그래서 제 아내에게 주어졌던 계시가 말해주는 것처럼, 우리 모두 우리의 생각과 시간과 돈을 소비하는 것을 멈춰야만 합니다. 삶의 모든 것은 투자가 되어야 합니다.

우리는 이 진리를 압니다. 그리고 이 강연에서는 이 진리를 여러분에게 가르치고 있습니다. 모든 것은 여러분의 의식에서 나온다고 말하고 있습니다. 하지만 여러분 자신이 진실로 받아들인 것만이 외부 세계에서 형태를 취하고 여러분의 환경을 빚어갑니다. 여러분이 만나게 될 모든 환경은 여러분이 어떤 상태를 사실로 받아들였는지에 대한 증거일 뿐입니다.

만약 여러분이 처해있는 상황이 마음에 들지 않는다면 지금 소비하는 것을 멈추고 투자의 기술을 배우십시오. 왜냐하면 매 순간은 투자할 기회이기 때문입니다. 물론 여러분과 저는 자유로운 존재이기에 세상의 모든 동전을 투자를 하지 않고 소비를 할 수도 있습니다. 하지만 만약 여러분이 투자할 수 있다는 것을 안다면, 어찌 지혜로운 길을 택하지 않겠습니까?

신명기 30장을 보겠습니다.

"내가 그대에게 오늘 내린 명령은
숨겨진 것도 아니고 멀리 떨어진 것도 아니더라.
그것은 그대에게 아주 가까우니,
그대의 입 안에 있고, 그대의 마음 안에 있더라.
이제 나는 이날 그대 앞에,
생명과 선함, 죽음과 악, 축복과 저주를 내놓더라.
생명을 선택하고 축복을 선택하라."

우리는 자유로운 존재이기에 어떤 선택을 하는지는 우리에게 달렸습니다. 그는 우리 앞에, 오늘 바로 이 순간에 명령을 내립니다. 그는 우리 앞에 모든 것을 놓습니다. 그것은 멀리 떨어져 있는 것이 아니라, 지금 바로 내 입 안에 있습니다. 그리고 지금 내 앞에는 축복이거나 저주가 놓여 있습니다. 저는 여러분이 저를 싫어한다는 것을 사실로 받아들일 수 있습니다. 어쩌면 여러분은 저를 좋아할지도 모릅니다. 어떤 것이 진실인지 여부는 중요하지 않습니다. 하지만 만약 여러분이 저를 좋아하지 않는다고, 그리고 제가 지금 가르치는 것을 싫어한다고 받아들인다면 저는 제 시간을 소비하는 것입니다. 여러분은 제가 시간을 낭비했다는 증거를 저에 대한 행동으로 보여줄 것입니다.

반대로 여러분이 저와 제 강의를 좋아한다고 사실로 받아들인다면, 제가 사실로 받아들인 것을 여러분은 행동으로 증명할 것이기 때문에, 그때 저는 이 가르침의 진리를 한번 더 확신할 수밖에 없을 것입니다. 나 자신에게 축복을 내릴지 아니면 나 자신을 저주하든지 그 선택은 오직 나에게 달려 있습니다.

나는 생명을 선택할 수도, 죽음을 선택할 수도 있습니다. 선한 것을 선택할 수 있습니다. 하지만 나는 자유로운 존재이어서 또한 악을 선택할 수도 있습니다. 그것은 전적으로 나에게 달렸습니다. 하지만 만약 여러분과 제가 이 진리를 사랑한다면, 받아들이고 믿으십시오. 모든 것이 내 앞에 주어져 있다는 것을 알고, 더 이상 우리의 재산을 소비하지도, 낭비하지도 않으면서, 투자하는 사람이 되기로 결심했을 때 우리는 정말로 지혜로운 사람입니다.

시간은 여러분이 매 순간 무엇을 하는지 알고 있습니다. 나는 고귀하고 훌륭하고 멋진 존재이며, 나의 아버지는 자신을 닮은 아들을 자랑스럽게 여긴다는 것을 사실로 받아들입니다. 그래서 이제 더 이상은 나의 고귀한 관념에 도움이 되지 않는 것들을 진실이라고 듣지도 받아들이지도 않을 것입니다.

나는 내가 안전하다는 것을 알 것입니다. 세상을 놀라게 할 뉴스가 있어도 나는 그것을 받아들이지 않을 것입니다. 어쩌면 신문 1면의 기사가 세상을 놀라게 할지도 모릅니다. 하지만 나는 그것을 받아들이지 않을 것입니다. 만약에 내가 그것을 인정하지 않는다면 그것은 내 안에서 밖으로 나갈 수 없습니다. 여러분이 그것들을 인정할 때만, 그것들이 현실에서 모습을 드러내기에 그렇습니다.

그래서 내가 현재를 투자하기 시작하고, 이성과 감각이 거부하는 존재가 이미 되었다는 것을 인정해서, 그렇게 사실로 받아들인 것 안에서 살아가기로 선택합니다. 만약 그것이 오늘이나 내일 모습을 드러내지 않을지라도 여전히 나는 내가 원하는 존재가 이미 되었다는 확신 속에서 살 것이고 하루 종일 그것에만 초점을 두어 좋은 것만을 들을 것입니다. 나는 이런 행동이 투자라는 것을 압니다. 그리고 얼마 가지 않아 이 투자에 대한 배당금은 반드시 돌아올 것입니다. 그것은 반드시 돌아옵니다. 바로 이것이 우리 존재의 법칙입니다.

그러므로 여기 모인 분들 모두, 이 진리를 가슴속에 간직하십시오. 저에게 개인적으로 찾아와서, "지미 퓰러는 돈을 가졌던 것이 틀림없어요"라고 말한 사람들에게, 이제는 지미 퓰러가 돈이 없었다고 말할 수 있습니다. 지난 번, 여러분이 저에게 찾아와 물었을 때는 그가 돈을 가지고 있었는지에 대해서 잘 모르고 있었습니다. 하지만 이제 그에게서 자세한 상황을 들었습니다. 그가 가진 돈은 고작 54달러뿐이었고, 그 돈을 모두 제 강연을 들으러 오는 데에 썼습니다. 아이를 맡길 1달러조차 없던 그때도 말입니다. 하지만 지금은 막대한 돈을 가졌습니다. 여러분은 지미 풀러가 가졌던 54달러만큼도 필요 없습니다.

여러분에게 필요한 것은 시간입니다. 여러분은 이미 가지고 있습니다. 바로 지금 이 순간입니다. 여러분에게 필요한 또 하나는 생각입니다. 그것이 바로 돈입니다. 그래서 지금이라는 시간을 소비하는 대신에, 그리고 생각을 지금 안에서 소비하는 대신에, 투자해야 합니다. 제가 이 연단을 내려왔을 때 여러분은 어쩌면 지금의 이 순간은 가버렸고 그는 내년에 올 것이라고 생각할지도 모릅니다. 하지만 이 순간은 떠나버린 것이 아닙니다. 내가 지금 하고 있는 것은 슬그머니 저쪽으로 사라져 버리지 않습니다. 그것은 앞을 향해 나아가서는 내 주변상황과 나를 둘러싼 환경으로 모습을 드러냅니다. 그래서 지금 이 순간, 내가 듣는 것, 말하는 것, 그리고 보는 것들에 대한 나의 반응은 현재 속에 존재하고, 이것은 나의 미래를 만들어갈 것입니다. 그리고 이 일은 현재라는 문을 통해서 계속 반복될 것입니다. 왜냐하면 예수께서는 "나는 문이다(I am the door)"

라고 말씀하셨기 때문입니다. '나는(I am)'은 항상 일인칭(first person)에 현재형입니다. '나는 문이었다'라고도, '나는 문일 것이다'라고도 말하지 않았습니다. 이렇게 말씀하셨습니다.

"나는 문이다(I am the door)."
"나는 부활이다(I am resurrection)."

그래서 지금 내가 하는 일들은 사라지지 않고 지금이라는 문을 통과해서 미래로 나아갈 것입니다. 이제 그 모든 시간이 현재의 문을 지나갈 때 소비하지 말고 투자를 하십시오. 여러분의 삶의 모든 순간이 긍정적이고 건설적이며 고귀한 순간이 되도록 하십시오. 만약 여러분이 현재라는 시간을 잘 투자한다면, 저는 여러분의 미래는 멋지고 건강하고 빛나는 시간이 될 것이라고 약속드리겠습니다.

에벨 극장에 여러분 전부가 오실 수는 없겠지만, 저는 많은 분들이 다음 주에 오셔서 풍성하고 멋진 한 주를 만드셨으면 합니다. 제가 저 문으로 들어올 때, 한 여성분이 제게 다가와서 말했습니다.

“네빌, 금요일 저녁에 당신이 저에게 어떤 것을 명쾌하게 이해시켜줬어요. 그게 무엇이냐면, 당신은 올 한 해 동안 놀라운 진리를 가르쳤는데 그건 목적에서부터 생각하는 것(thinking from)과 목적을 생각하는 것(thinking of)의 뚜렷한 차이였죠. 당신은 이곳에서 강연을 시작한 이후 계속해서 이것을 강조했었는데 이전에는 이해하지 못했던 것을 금요일에 드디어 이해하게 됐어요.”

저는 물었습니다.

“그런데 어떻게 그것을 이해하시게 됐죠?”

“당신이 청중석과 연단에 대한 비유로 말한 것 때문이에요.”

지금 우리도 똑같은 상황에 있습니다. 좌석도 있고, 연단도 있습니다. 그런데 목적에서 생각하는 것과 목적을 생각하는 것에 대해 여러 번 들었던 그 여성분도 이해하지 못했던 것을 보면, 여기 계신 많은 분들도 이 말뜻을 제대로 이해하지 못했을 가능성이 있습니다. 제가 예를 들어

설명했더니 지금은 이해했다고 말했습니다. 그래서 여기 계신 모든 분들이 이해하실 수 있도록 그 예를 다시 반복하겠습니다.

누구든 목적에서 생각하는 방법을 터득하게 된다면 운명의 지배자가 됩니다. 왜냐하면 그것을 이해한 사람은, 인생에서 목적을 명확하게 한 후에 자신이 그 목적으로 삼은 상황 속에 있다고 느낄 것이기 때문입니다. 그래서 목적을 생각하는 대신에 목적에서 생각하게 됩니다.

보통의 경우에는 자신의 꿈을 명확하게 하고는, 계속 그 뒤에 선 채로 그 꿈을 바라보며 생각하고 있을 뿐입니다. 현명한 사람은 자신이 원하는 상태를 차지합니다. 그래서 그곳으로부터 빛을 발산하고, 그곳으로부터 생각합니다.

이것을 간단한 예로 설명해보겠습니다. 저는 여기 연단에 서서 청중석을 바라보고 있습니다. 연단에서 모든 것을 바라보고 있기 때문에 이곳을 기점으로 극장을 보고 묘사하게 됩니다. 여러분은, 자리에 앉은 채로 아니면 2층 좌석에 앉은 상태에서 이 극장을 보고 있습니다. 그래서 여러분의 눈에는 스크린과 연설자인 제가 보일 것입니다.

그래서 여러분과 저의 차이점은, 같은 극장을 보고 있지만 다른 지점에서 보고 있다는 것입니다. 저는 극장을 연단을 중심으로 정의합니다. 여러분은 여러분이 앉아 있는 곳을 중심으로 정의할 것입니다. 제가 만약 여러분이 보는 시선을 얻고자 한다면, 저는 여기 서 있지만 여러분이 있는 곳에 제가 앉아 있다는 것을 사실로 받아들인 후에, 그 자리에서 보는 것을 상상할 것입니다. 그렇게 한다면 저는 이 청중석을 보는 것이 아니라 이 연단을 보고 있어야만 할 것입니다. 따라서 저는 지금 제 뒤에 펼쳐져 있는 스크린을 보게 될 것입니다. 그리고 제가 앉아 있다고 사실로 받아들인 그 자리에서 보이는 것들을 묘사할 것입니다.

저기 청중석의 자리가 안정의 상태를 나타낸다고 가정을 해보고, 지금 제가 서 있는 연단이 안정적이지 못하다는 것을 나타낸다고 가정하겠습니다. 제가 만약 안정의 상태를 원한다면 비록 저의 육체는 여기 연단에 서 있지만 여러분이 앉아 있는 자리에 제가 있다는 것을 사실로 받아들입니다. 그리고 그것이 사실임을 입증하기 위해서 안정의 상태에서 세상을 바라봅니다. 그러면 저는 제가 사실로 받아들인 것과의 관계에서 세상을 묘사하게 됩니다. 만약 제가 안정적이지 못할 때 봤던 것이 여전히 눈에 보인다면 원하는 목적을 차지하지 못했다는 증거입니다. 아직도 여전히, 원하는 목적을 생각만 하는 중입니다. 그러므로 목적에서 생각하는 것(thinking from)과 목적을 생각하는 것(thinking of)의 차이는 확연합니다. 이제 원하는 목적에서 생각하는 기법, 그것이 가지고 있는 지혜를 깨달으십시오.

지금 이 자리에서 여러분 세상의 모습을 보신 후에, 인생에서 여러분이 가지고 있는 사랑스러운 목적을 명확하게 말하십시오. 그리고 다음의 질문을 자신에게 던져보십시오.

"지금 그 상태가 현실이 되었다면
세상은 어떻게 보일까?
나는 어떤 느낌일까?"

그러면 그 질문에 대한 답으로서 하나의 느낌이 주어질 것입니다. 그 느낌이 곧 그 목적에 상응하는 느낌입니다. 그다음에는, 이성이 부정하더라도, 주위 모든 것이 부정하더라도, 그 '끝'에서 생각하는 법을 배우십시오. 그 끝을 차지하십시오. 이것은 현재의 순간을 투자하는 것이고, 여러분의 세상 안에서 살아 있는 실체가 되어 돌아올 것입니다.

명확하게 이해시키고 싶었던 것이 하나 더 있는데, 지미 퓰러가 자신의 결정적 성공 요인이라고 말했던 것입니다. 자신의 욕망이 성취되었을 때 바깥쪽 인간이 취했을 만한 행동을 안쪽 인간이 취한다면, 분명히 자신의 욕망을 실현시킬 것입니다. 우리에게는 두 명의 인간이 존재합니다. 하나는 안쪽 인간이고 다른 하나는 바깥쪽 인간입니다. 바깥쪽 인간은 항상 이렇게 말합니다. "나는 스스로 아무것도 할 수 없나이다. 나의 안쪽 인간인, 내 안에 계신 아버지, 그분이 일을 행하시나이다. 내가 본 그분의 행동은, 바깥쪽 또한 그렇게 따르게 되나이다."

그렇게 여러분에게는 안쪽의 인간이 있습니다. 여러분은 지금 여기 앉은 채로 편안하게 이완을 하고, 여러분의 몸을 움직이지 않게 한 후에, 소망이 이루어졌다면 바깥쪽 인간이 취할 행동을 상상하십시오. 바깥쪽을 이완시킨 채, 내가 이미 그렇게 돼 있다고 받아들이고, 몸을 움직이지 않은 채 실제로 그 일을 경험한다고 상상합니다. 소망이 성취되었을 때 육신으로 경험했어야 할 일들을 나의 상상력 안에서 경험할 것입니다. 그리고 그 상태를 계속 반복합니다. 그렇게 안쪽 인간은 바깥쪽 인간이 자신의 욕망을 실현하기 위하여 취해야 할 행동을 합니다. 상상을 마쳤다면 여러분은 안쪽 인간이 상상 속에서 했던 일들을 육신으로도 경험하게 될 것입니다. 이 두 행동들이 일치되면 세상 어떤 힘도 상상

속의 일이 현실로 이루어지는 것을 막지 못합니다. 항상 안쪽의 인간부터 소망을 이루게 하십시오.

그러면 방금 설명한 것을 직접 해보기 위해 침묵의 시간을 갖겠습니다. 우리가 다른 이를 위해서 우리의 상상력을 행사할 때면 우리는 실제로, 말 그대로 하느님과 인간 사이를 중재하는 것입니다. 우리는 어둠 속에서 조용히 앉아, 듣기 원하는 소식을 듣는 것처럼 상상합니다. 어둠 속을 보면서 마치 우리가 보기 원하는 것을 보고 있다고 상상합니다.

그렇다면 이 2분의 시간은 투자의 시간이 됩니다. 제가 자리에 앉아 불을 낮췄을 때, 우리는 마치 듣기 원하는 것을 듣고 있고, 보기 원하는 것을 보고 있는 것처럼 보고 듣겠습니다. 그러면 우리는 이 2분의 시간 동안 제 아내에게 들려온 다음의 경이로운 목소리를 실제로 따르는 것입니다.

“그대는 그대의 시간과 그대의 생각과
그대의 돈을 소비하는 것을 멈춰야만 한다.
삶의 모든 것은 투자가 되어야만 한다.”

이 2분이 여러분의 가장 위대한 투자의 시간이 되기를 바랍니다.

이제 침묵 속으로 들어가겠습니다.

WALK BY FAITH

믿음으로 걸어라

그 목적지에 다다랐다면 여러분은 무엇을 보겠습니까?
여러분이 그곳에 있다면 여러분은 무엇을 느끼겠습니까?
그것이 사실이라면 여러분은 어떻게 행동하겠습니까?
그 상태 안에서 걸어나가면 반드시 성취해낼 것입니다.

블레이크는 다음과 같은 질문을 했습니다.

"성경은 왜 다른 책보다 흥미롭고 교훈을 주는가? 성경이 우리의 이성적인 마음에게 바로 말하는 것이 아니라, 영적 감각인 상상력에게 말하기 때문이 아닐까?"

성경은 예순여섯 권의 책으로 구성되어 있습니다. 성경을 읽을 때 영혼 깊은 곳에서 표면 위의 마음에게 울려 퍼지는 소리로 생각해보십시오. 마치 깊은 내면의 마음이 인간의 마음에게 말하는 것처럼 말이죠. 그렇다고 여러분의 분별하는 마음이나 이성적인 마음에게 바로 말하는 것이 아니라, 형언할 수 없는 상상력이 인간의 상상력에게 속삭이는 것으로 여겨보십시오. 다음의 말을 살펴보기로 하겠습니다. 고린도후서를 보면 바울이 말합니다.

"우리는 보이는 것에 의지해 걷지 않고
믿음에 의지해 걷는다."

눈에 의지해 걷게 되면 보이는 것으로 우리가 걸어나갈 길을 인식합니다. 하지만 바울은 마음속에서 보는 것에 의지해 삶의 방향을 정하라고 말합니다. 바꾸어 말하면 이렇습니다. 가고 싶은 곳이 있거나 원하는 모습이 있을 때 환경을 바꾸려 하지 말고 마음속의 환경만을 변화시킨 채 그것만 보면서 믿음에 의지해 걸어나가라 말하고 있습니다. 그렇게 의식의 상태를 바꾸고, 바뀐 의식 상태에 믿음을 유지한다면 마음 안에서만 보이던 것이 외부세상에 모습을 드러낼 것입니다.

바울은 또 이렇게 덧붙입니다.

"내가 하고 있는 한 가지 일은
내 뒤에 놓여 있는 것을 잊고,
내 앞에 놓인 것을 향해 나아가는 것이다."

바울이 원하던 것은 예수 그리스도 안에서 하느님의 높은 부름을 받는 것이었습니다. 하지만 여러분이 그런 목적을 가질 필요는 없습니다. 사업이 성공하는 것을 바랄 수도 있습니다.

인간은 곧 상상력이며, 하느님은 인간이기에, 모든 것은 상상력에서 비롯됩니다. 하느님과 인간은 오직 상상의 강렬함에만 차이가 있을 뿐입니다. 상상력의 강도가 낮을 때 인간은 눈에 보이는 것에 의지하며 살지만, 믿음으로 걷는 사람은 마음의 눈으로 본 것을 현실보다 더 견고하게 붙잡습니다. 눈에 보이는 것에 의지해 걷는 것은 쉽습니다. 왜냐하면 주변의 건물들은 움직이지 않기 때문입니다. 여러분이 믿음에 의지해 걸어나가려면, 마음의 눈으로 보는 것 또한 육체의 눈으로 보는 것처럼 견고하게 자리 잡아야 합니다.

제 형 빅터는 성공한 사업가가 되기 원했습니다. 형은 상상에 어떻게 믿음을 지켜야 하는지를 알고 있었습니다. 1924년, 우리 가족은 돈 한 푼 없었습니다. 그때 형은 마음의 눈으로 한 건물의 간판 이름을 바꿔 그 건물이 이미 우리 가족의 것이라고 상상했습니다. 2년 동안 이렇게 마음의 눈으로 보는 것을 계속했습니다. 2년이 지나도 처음 시작했을 때처럼 돈이 없었지만, 어느 날 우연히 알게 된 한 지인이 담보도 없이 5만 달러를 내어 그 건물을 우리를 위해 사주었습니다. 8년 전, 우리는 이 빌딩을 85만 달러에 은행에 매각했습니다. 게다가 바베이도스에서는 이렇게 얻은 소득에 관해서 세금이 없습니다.

형은 매일 믿음에 의지해 걸어나가면서, 그 건물을 지날 때면 빌딩 간판의 '로츠 상회'라는 글씨 대신, '고다드 상회'라고 쓰인 것을 보았습니다. 눈에 보이는 것들은 그 건물이 다른 이의 소유라고 말하고 있지만, 형의 믿음은 자신의 것이라고 말했습니다. 2년 동안 매일같이 마음의 구조를 바꾸어가자, 마침내 우리 가족의 운도 바뀌었습니다. 히브리서에서는 이렇게 말하고 있습니다.

"믿음은 바라는 것들에 대한 실상이요,
보이지 않는 것들에 대한 증거이니,
보이는 것들은
보이지 않는 것들로부터 이루어졌음이라."

오직 저의 형 빅터만이 상상력을 통해 세상을 봤습니다. 다른 이들은 '로츠 상회'라는 간판을 눈에 보이는 그대로 보았지만, 형은 '고다드 상회'라는 간판을 믿음에 의지해서 보았습니다.

어떤 이가 블레이크에게, 그가 태양을 볼 때 무엇을 보냐고 물었습니다. 블레이크는 이렇게 대답했습니다.

"나는 천사들이 무리지어, '거룩하다, 거룩하다, 거룩하다, 전능하신 주 하느님'이라고 노래부르는 것을 봅니다."

우리 모두는 같은 나무를 볼 수는 있지만 각자 다르게 봅니다. 그것은 우리가 어떤 사람을 볼 때도 마찬가지입니다. 둘 다 같은 힘을 사용하면서도, 한 명은 그를 궁핍한 사람으로 볼지도 모르고 다른 이는 부유한 사람으로 볼지도 모릅니다.

여러분에게는 믿음으로 사는 힘도, 육체의 눈에 의지해서 사는 힘도 있습니다. 눈에 의지한 채 일어나고 있는 일들을 그대로 받아들인다면 여러분 세상의 환경이나 사건을 바꾸지 못한 채 자동기계처럼 살게 됩니다. 그러나 믿음에 의지해서 살기 시작한다면 인생을 바꿀 수 있습니다.

바울은 이렇게 말했습니다.

"무엇을 이루었든 이루지 못했든,
나는 과거의 모든 것을 잊고
앞에 놓인 것을 향해 나아간다."

바울이 바라던 것은 하느님의 가장 높은 곳까지 부름을 받는 것이었습니다. 여러분도 이런 이상을 갖기를 바라지만, 아마 지금은 그렇지 않을 것입니다. 다른 문제가 여러분을 짓누르고 있을 것입니다. 예를 들어 돈이 절실한 상황일 수도 있습니다. 그렇다면 그것을 여러분의 목표로 삼고 바울이 썼던 것과 같은 방법을 사용하십시오.

과거를 여러분 뒤에 던져 버리십시오. 그리고 뒤를 돌아보지 마십시오. 뒤를 돌아보면 롯의 아내처럼 소금기둥이 되어버립니다. 소금은 부패하는 것을 막는 역할을 합니다. 부패를 막고 싶은 것이 있으면 그것을 소금에 놓고 보존합니다.

만약 여러분이 떠나고자 하는 과거의 상태를 자꾸 돌아보고 붙잡는다면, 여러분은 그 상태를 소금물에 놓고 다시 한번 그 안에서 살게 될 것입니다. 하지만 여러분이 만약 과거가 어떤 상태든 상관없이 그것에 돌아서서, 원하는 모습 또는 하기 원하는 것들에 손을 뻗고 그것에 믿음을 유지한다면 세상 그 무엇도 여러분을 막을 수는 없습니다. 여러분이 이미 그 상태에 있다는 것을 사실로 받아들이는 것을 계속해나간다면, 사실로 받아들인 그 존재가 될 것입니다.

저 역시 블레이크처럼 성경이야말로 가장 즐겁고, 도전적이며, 깊은 가르침을 주는 책이라는 것을 알게 되었습니다. 하지만 성경이 읽기에 쉽지는 않습니다. 만약 성경이 너무 쉽고 명확했다면 제 관심을 끌지도 못했을 것입니다. 고대인들은 모호함이야말로 우리의 내적 능력을 일깨워 작동하게 만들기 때문에 가르침에 가장 알맞다는 사실을 알았습니다. 히브리서에 나오는 간단한 문장입니다.

"많고 다양한 방법으로
하느님은 예언자를 통해 오래된 것들에 대해
우리의 선조에게 말씀하셨더라.

그러나 마지막 날,
하느님은 아버지의 영광을 나타내고 있고
그의 본성의 형상을 지닌 그의 아들을 통해
우리에게 말할 것이다."

하느님은 그분의 말씀을 예언자를 통해 드러내셨고, 예언자들은 하느님이 말씀하신 비전들을 기록으로 남겼습니다. 그래서 다음과 같이 말합니다.

"하늘은 하느님의 영광을 선포하였고,
창공은 그분이 하신 일을 드러내었으니."

그러나 마지막 날에는 하느님께서 그분의 아들 다윗을 통해 말씀하십니다. 이것은 환상적인 계시입니다. 왜냐하면 마지막 날에 하느님은 자신을 드러내실 것이기 때문입니다.

여러분이 하느님이 되는 마지막 시간까지, 저는 '당신이 곧 그분이다'라고 말할 수는 있습니다. 그러나 그것을 진정으로 믿게 하는 이는 오직 다윗뿐입니다.

파이크 주교(Bishop Pike)처럼 많은 사람이 성경의 권위에 대해 의문을 품습니다. 하지만 성경을 경험한 후에는 그런 질문을 다시 하지 않을 것입니다.

계시록에서는 예수 그리스도를 “하느님의 말씀”이라고 부릅니다. 그리고 요한복음에서는 “그의 말씀이 곧 진리”라고 선포합니다. 묻겠습니다. 진리는 경험될 때만이 그것을 알 수 있다고 말할 수 있는 것 아니겠습니까? 저는 제가 경험한 것들이 진실이라는 것을 압니다. 여러분은 제가 하는 말을 들었고, 저를 믿습니다. 하지만 여러분이 그것들을 직접 경험하기 전까지는 제가 아는 진리의 깊이만큼 알 수는 없습니다.

어떻게 저의 형이 보이는 것에 의지하지 않고 믿음에 의지해, 바베이도스에서 믿기 어려운 사업을 일구어 냈는지에 대해 말씀드렸습니다. 눈에 보이는 것들이 제 형에게 말하기를, 형의 이름으로 된 돈이라고는 한 푼도 없다고 했습니다. 하지만 형은 마음 안에서만 보이는 것들에 의지해 믿음으로 그의 삶을 바꾸기 시작했습니다. 눈은 바로 앞에 있는 것만을 여러분에게 보여줍니다. 그것이 마음에 들지 않는다면 여러분에게는 여러분 안의 그리스도인 내면의 '나'가 있습니다. 그리스도는 바로 믿음을 통해서 삶을 통째로 바꿀 수 있는 마음의 힘입니다.

여러분의 생각을 관찰해 보면, 그것은 여러분이 지금 어디로 가고 있고 지금 무엇을 하고 있는지 말해주고 있습니다. 혐오스러운 과거의 기억들이 떠오른다면, 여러분은 그 경험들을 현재의 삶으로 다시 불러내는 것입니다. 하지만 여러분 뒤에 놓여 있는 것을 잊은 채 과거에 등을 돌리고 앞에 놓여 있는 것을 향해 손을 뻗는다면, 여러분은 올바르게 행동을 하는 것이고 여러분이 마음속에서 응시하고 있는 존재가 될 것입니다.

이 진리가 거짓이라고 입증할 수는 없을 것입니다. 여러분은 이 진리가 작용하고 있는 힘, 그 자체이고 반드시 그 힘과 함께 살아야 합니다.

어떤 외부적인 조건도 필요 없습니다. 여러분이 있는 그곳에서 바로 시작할 수 있습니다. 다만 여러분의 상상력이 정한 방향으로 믿음에 따라 걸어가야 합니다.

여러분 자신에게 이 간단한 질문을 던져보십시오. "지금 내가 원하는 사람이 이미 되었다면, 어떤 느낌일까?" 그런 후에 그 느낌, 즉 그 영적인 감각(spiritual sensation)을 느껴보십시오. 영적 감각이라는 것이 무엇인지 아십니까? 간단한 방법으로 보여드리겠습니다.

유리잔 하나를 느껴보십시오. 다시 야구공을 느껴보십시오. 야구공이 유리잔처럼 느껴지나요? 테니스공을 느낄 수 있겠습니까? 테니스공이 야구공이나 유리잔처럼 느껴지나요? 옷, 제비꽃, 피아노를 느낄 수 있습니까? 그것들이 모두 같은 것처럼 느껴지나요? 물론 아니겠죠.

바로 그것이 영적인 감각입니다. 바로 그것이 실체를 보고, 듣고, 냄새 맡고, 맛보고, 느끼는 생생한 방법입니다.

몇 년 전 뉴욕에서 비슷한 강의를 한 적이 있었습니다. 강의에 참석했던 한 여성분이 제가 드린 이론을 시험해 보기로 마음먹었습니다. 그녀는 의자에 앉아 있는 동안 큰 장미 다발을 품에 안고 있는 상상을 하였습니다. 장미 냄새를 맡고, 부드러운 꽃잎을 만져보고, 그 아름다운 꽃을 보았습니다. 그리고 조용히 상상을 마치고 월도프 아스토리아 호텔에 있는 자신의 방으로 돌아갔습니다.

다음 날 영국의 엘리자베스 여왕을 위해 2천 명의 환영인파와 함께 파티가 벌어졌습니다. 환영식이 끝난 후, 호텔 집사는 꽃을 버리는 것을 원하지 않았습니다. 그래서 사람을 시켜 장미 세 다발을 그 숙녀 분의 방에 갖다 놓게 했습니다. 그날 밤 그녀가 집에 돌아왔을 때 향긋한 장미 향기를 맡을 수 있었습니다. 그녀는 아름다운 장미를 안고 있다는 생각 속에 빠졌고, 보이는 것에 의지해서 걷지 않고 믿음에 의지해서 걸어나가자, 다음날 그녀의 방은 천상에서나 맡을 수 있는 장미 향기로 가득 차 있었습니다.

어쩌면 기억이란 것에 사로잡혀 과거의 모습들을 향해 계속 뒤돌아보면서, 원하는 모습 안으로 나아가지 못하고 있을지 모릅니다. 여러분의 생각을 올바른 방향으로 잘 통제한다면 믿음이 현실을 창조하는 진리는 가장 간단한 방법으로 현실에서 나타날 것입니다.

제가 아는 의상 디자이너는 돈을 원했습니다. 그래서 상상력을 이용해 한 장의 봉투를 손에 쥐고 있는 장면을 떠올렸습니다. 봉투를 열 때 들리는 소리를 마음속에서 들었습니다. 봉투를 흔들어 내용물을 꺼냈고, 지폐를 한 장 한 장, 동전 하나까지 세어보았습니다. 7일 밤 동안 이것을 계속했습니다. 8일째 되는 날, 한 여성이 전화를 걸어와, 그녀에게 일자리를 제안했습니다. 그 일의 보수는, 그녀가 상상 속에서 세어본 금액과 동전 한 닢까지 정확히 일치했습니다.

그녀는 더 많은 돈을 세는 것을 상상할 수 있었고, 그랬다면 실제로 더 많이 받았을 것입니다. 하지만 그녀는 마음속에서 보았던 돈에 만족했습니다.

물론 보잘것없는 것이 아닙니다! 그녀가 경험했던 진리는 성경과 필적할 만합니다. 왜냐하면 믿는 자에게는 모든 것이 가능하기 때문입니다. 그녀는 자신이 마음 안에 그리고 있는 것을 어떻게 믿었습니까? 그녀의 모든 감각을 동원하여 믿게 만들었습니다. 듣는 감각을 이용해서 그 봉투가 뜯어지는 소리를 듣고, 봉투를 흔들어서 내용물이 테이블에 떨어지는 소리를 들었습니다. 그녀는 봉투를 만졌고 그 안에 있는 돈을 보았습니다. 돈은 그것만의 독특한 냄새가 있다는 사실을 아십니까? 그녀는 그 냄새까지 느꼈습니다. 만약 그녀가 돈이 있다면 어땠을 것인지 결정한 후에 상상을 했습니다. 그녀의 믿음은 보이는 현실을 넘어서 작동한 상상력의 법칙이었습니다.

어떤 숙녀분은 뉴욕에 있는 스턴스 백화점에 가서 혼잣말을 했습니다. "네빌은 상상하고 믿음을 유지할 수 있는 것이라면 무엇이든 가질 수 있다고 말했어." 그녀는 주머니에 돈 한 푼 없었지만, 모자 가게에 가서 자신의 모자를 벗고 새것을 하나 써 보았습니다. 그 주위를 돌면서, 거울에 비친 자신의 모습에 푹 빠져 있었습니다. 그리고 정신을 차렸을 때 자신의 모자가 어디론가 사라져 버렸다는 것을 알았습니다. 그녀가 백화점의 직원에게 자초지종을 설명하자 그제야 그 직원은 그녀의 모자가 실수로 팔렸다는 것을 알았습니다. 매니저가 불려와 사과하며 말했습니다. "스턴스 백화점의 사과의 뜻으로, 원하시는 모자를 아무거나 고르시죠." 그녀는 아까 써 보았던 모자를 쓰고 백화점을 나왔습니다.

이것과 유사한 내용의 이야기가 있습니다. 이 이야기에 나오는 여성은 밤의 일을 하는 분입니다. 그녀는 제가 하는 강연을 모두 참석했습니다. 어느 날 그녀가 제게 말했습니다.

"있잖아요 네빌, 재미있는 일이 일어났어요. 상상력을 이용하면 제가 원하는 것은 무엇이든 가질 수 있다고 하셨잖아요. 어느 날, 브로드웨이에 있는 백화점 쇼윈도에서 예쁜 모자 하나를 봤어요. 그게 18달러였거든요. 너무 마음에 들었어요. 그래서 그 모자를 쓰고 있는 제 모습을 마음속에 그렸죠. 길을 걸으면서 쇼윈도에 비친 제 모습을 보면서 그 모자를 쓰고 있다고 상상했어요. 집에 도착해서도 옷장에 제 낡은 모자가 걸려있는 것 대신 새 모자가 걸려있다고 상상했죠. 저는 거의 열흘 가까이 낡은 모자를 쓰면서도 새 모자라고 상상했어요. 그러던 어느 날 친구에게서 전화가 와, 자기를 만나러 오라는 거예요. 그곳에 갔더니, 친구가 모자 상자 하나를 꺼내면서 말했어요. '내가 미쳤나 봐. 이 모자를 샀다니. 속상하지만 나한테는 안 어울려. 그런데 이상하게 네가 이 모자를 쓰면 잘 어울리겠다는 생각이 들지 뭐야.' 그러면서 상자를 열어 모자를 꺼냈는데 다른 모자도 아닌, 바로 제가 원했던 그 모자가 들어있는 거예요."

그리고는 제게 질문을 했습니다.

"네빌, 근데 왜 하느님은 돈으로 주시지 않고, 이런 방법으로 모자를 주셨을까요?"

그녀의 사정을 잘 알고 있었기에, 저는 말했습

니다.

"앤, 그런데 방값을 못 내고 있죠?"

그러자 그녀가 대답했습니다.

"네, 2주 정도."

"일주일에 약 17달러 50센트인가요?"

"네"

"그럼 35달러를 밀린 셈이네요. 그럼 평소 쓰는 모자는 하나에 얼마 정도 하죠? 3달러나 4달러 정도 하나요? 하나에 17달러짜리 모자를 샀던 적 있나요?"

"한 번도 없어요."

"그럼 말해보세요. 만약에 100달러짜리 지폐를 주웠다면 그 모자를 샀겠어요?"

그녀는 대답했습니다.

"아니요."

"하느님이 얼마만큼의 돈을 당신에게 주었더라도 당신은 그 모자를 사지 않았을 거예요. 그래서 누군가가 그 모자를 대신 사서 당신에게 주었어야 했죠."

저 역시 비슷한 경험이 있습니다. 어느 날 옷

을 사서 집에 돌아왔을 때, 무엇에 이끌려 그 옷을 샀는지 스스로도 의아했던 적이 있었습니다. 그것은 다른 곳에서 포도를 밟아 즙을 내던(성경에서 treading the winepress는 상상 속에서 실재를 빚어내는 행위를 뜻한다) 한 친구 때문에 저지른 일이었습니다. 그 친구는 옷 한 벌을 상상했고, 저는 무언가에 이끌리듯 양복점에 가서 그 옷을 골랐습니다. 그런데 그 옷을 집에 가져오자 아내는 집안으로 들이지 못하게 했습니다. 그 무렵 그와 똑같은 옷을 원하던 친구가 저에게 연락했고, 저는 그 옷을 그에게 주었습니다. 그 친구는 계속해서 포도를 밟아 즙을 만들고 있었고, 저는 그 상상을 현실로 옮기는 역할을 한 것입니다.

저를 믿으십시오. 상상력은 영적인 감각입니다. 생생한 영상이고, 생생한 소리입니다. 베토벤이 귀가 멀었을 때 외부 세상의 소리와는 결별했지만, 내부의 귀로 듣기 시작했습니다. 그리고 우리가 지금 즐겨듣는 아름다운 음악들을 작곡했습니다.

여러분도 지금 사랑하는 누군가를 떠올리며 그가 말하는 소리를 들을 수 있습니다. 그 소리가 들리지 않는다면 다른 영적 감각을 사용하십시오. 만지고, 듣고, 보고, 냄새 맡는 것을 해보십시오. 수년 전에 저는 뉴욕의 할렘가를 걷고 있을 때 어떤 음식 냄새를 맡았는데 그 냄새는 곧장 저를 바베이도스로 데려다 놓았습니다. 몸은 할렘가에 있었지만, 그 냄새가 깨운 후각은 이곳으로부터 2천 마일이나 떨어진 곳에 제가 있다고 말했습니다.

우리는 어떤 특정한 소리와 감촉, 장면을 기억에서 불러낼 수 있고, 그것들은 우리를 그것들이 있었던 곳으로 데려다 놓을 수 있습니다. 보이는 것에 의지해서 걷지 말고 바울처럼 믿음으로 걷는 법을 배우십시오. 뒤에 놓여 있는 것을 잊고 앞에 놓인 것을 향해 손을 뻗으십시오.

빌립보서 3장에서 바울은 자신의 욕망이 예수 그리스도 안에서 하느님의 부름을 받는 것이라고 말했습니다. 그것이 여러분의 욕망이 될 필요는 없지만, 저는 여러분이 바울의 소망과 같은 것에 한번 도전해보길 적극적으로 권해드립니다. 왜냐하면 여러분의 삶은 영원하기 때문에 그렇습니다. 어떤 것도 죽음을 맞이하는 것은 없습니다. 한 번 피었다 지는 작은 장미도 영원히 꽃피운 채로 존재합니다. 어떤 것도 사라지는 것은 없습니다.

사랑하는 이가 이 작은 지구에 존재하는 것을 그만둘 때, 그는 죽은 것이 아니라 그 즉시 아름다운 여정을 다시 시작하기 위해 새로운 생명을 얻습니다. 그 여정은 자신을 아버지라 부르는 아들을 통해, 하느님이 그에게 모습을 드러내실 때까지 계속됩니다. 그때서야 그는 자신의 세계를 창조한 존재가 바로 자기 자신이었음을 깨닫습니다. 그때 그의 여정은 끝나고, 마지막으로 이 작은 육신의 옷을 벗게 될 것입니다.

바울은 빌립보서에서 말합니다.

"나는 떠나서 그리스도와 함께 있고 싶다.
그곳은 훨씬 더 좋기 때문이다.

그러나 내가 이 육체 안에 있는 것은
너희를 위함이다."

바울은 이곳을 떠나 하느님 아버지와 하나이기를 바랐습니다. 그러나 바울은 이곳에 육체를 가지고 남아서 그의 가르침을 계속하는 것이 필요하다는 것을 알았습니다. 저 또한 그렇습니다.

제가 한 말을 가슴속에 새기어 모든 바람을 성취하시기 바랍니다. 보이는 것에 의지해서 걷지 말고 바울처럼 믿음으로 걷는 것을 배워, 여러분이 성취했던 것까지 포함하여 모든 것을 등 뒤로 던져 버리고 여러분이 세워놓은 목적을 향해 쭉 뻗어 나가십시오. 그 목적지에 다다랐다면 여러분은 무엇을 보겠습니까? 여러분이 그곳에 있다면 여러분은 무엇을 느끼겠습니까? 그것이 사실이라면 여러분은 어떻게 행동하겠습니까? 그 상태 속에서 걸어나가면 반드시 성취해낼 것입니다.

이제 침묵 속으로 들어가겠습니다.

BRAZEN IMPUDENCE

철면피

이 아름다운 이야기가
우리가 2천 년 동안 들어왔던 그 이야기가 아닌,
있는 그대로의 모습으로 전해질 수 있기를 바랍니다.

여러분이 새로운 개념을 반복해서 그것과 함께 살아가지 않는 한, 그 어떤 것도 여러분의 것이 되지는 못합니다. 여러분은 그동안 외부에 계시는 하느님을 믿으라고 배웠습니다. 하지만 저는, 우리는 곧 상상력이라고 말합니다. 그리고 하느님은 우리 안에 존재하고 우리는 그분 안에 존재합니다. 우리의 불멸의 몸은 바로 상상력이며, 그것이 바로 하느님입니다. 저는 이렇게 말을 했고, 이것은 하나의 새로운 개념입니다. 이 새로운 개념이 여러분의 생각 안에 완전히 자리를 잡기 전에는, 여러분이 '하느님'이라는 말을 들을 때마다 마음은 자동으로 바깥 어딘가에 존재하는 하느님을 떠올리게 될 것입니다.

제가 '나는(I AM)'이라고 말할 때, 이것은 신약에 나오는 주 예수 그리스도를, 그리고 구약에 나오는 여호와를 뜻합니다. 오늘 밤 침실로 가서 베개에 머리를 눕히고 있을 때, 여러분은 자신이 '존재하고 있음'을 자각할 것입니다. 바로 그 인식이 하느님입니다! 오늘은 여러분의 이 인식을 철면피처럼, 뻔뻔할 만큼 당당하게 사용하는 법을 보여드리겠습니다.

누가복음 11장입니다. 예수께서 기도하고 계실 때 한 제자가 다가와 "주여, 기도하는 법을 가르쳐 주소서"라고 간청하자 주기도문을 전해 주십니다. 우리가 지금 보고 있는 주기도문은 라틴어를 번역한 것인데 이 라틴어 주기도문 안에는 본래의 뜻을 전달하기에 필요한 당위(當爲)적인 수동형의 의미를 전달하지 못합니다. 본래의 그리스어 원문에 담긴 주기도문을 보면 기도하는 사람을 철면피처럼 표현합니다. 그곳에서 표현된 당위적이면서 수동적인 태도라는 것은 완벽하게 이루어진 것에 대해 흔들리지 않고 명령하는 태도를 말합니다. 다른 말로 하면, "그대의 뜻은 이루어질 것이다"는 표현은 '이루어지게 하소서'라는 의미가 아니라, 이렇게 바뀌어야 합니다.

"그대의 뜻은 이미 이루어져 있음에 틀림없다."

그리고 "그대의 왕국이 온다"는 표현은 이렇게 바뀌어야 합니다.

"그대의 왕국이 이미 복원되어 있음에 틀림없다."

이것은 우리가 지금 보고 있는 성경과는 다릅

니다. 예수는 비유의 형태로 이 진리를 이렇게 표현했습니다.

"너희 중에 누가 벗이 있는데 밤중에 나와서 친구에게 말하기를, '친구여, 내게 빵 세 덩이를 빌려주오. 여행 중인 친구가 내게 왔는데 그에게 내줄 것이 아무 것도 없소.' 그러자 안에서 친구가 말하기를, '나를 괴롭히지 말아줘. 문은 잠겨 있고 나의 아이들은 침대에 있어. 나는 일어나서 너에게 줄 수 없어.' 하지만 내가 그대들에게 말하노니, 그는 친구라는 이유 때문에 일어나지는 못할지라도 친구의 끈질긴 요구 때문에 일어나 친구의 요구가 무엇이든 그것을 내어줄 것이더라."

여기서 '끈질김'이란 단순한 집요함이 아니라 "No"라는 대답을 절대 받아들이지 않는 의식의 태도를 말합니다.

예수는 제자에게 기도하는 방법을 가르칠 때 외적인 형식을 가르치지 않았습니다. 예수는 여러분에게 어떻게 하면 'No'라는 대답을 얻지 않게끔 여러분의 생각을 맞추어나갈 것인지를 말했습니다. 위 이야기의 친구는 자신이 원하는 것을 알고 있었습니다. 자신이 가지고 있다는 것을 사실로 받아들였고, 그것이 현실의 느낌을 가질 때까지 사실로 받아들이는 것을 계속했습니다. 그리고 결국 그것을 얻어냈습니다. 여러분은 이렇게 자신이 사실로 받아들인 것을 끝까지 고집함으로써 자신 안의 하느님을 발견하게 됩니다.

다음 소개할 이야기는 여러분이 어떻게 기도해야 하고, 어떻게 용기를 잃지 않을 수 있는지에 대해 보여줍니다.

"어떤 마을에 하느님을 두려워하지도 않고 사람을 존중하지도 않는 재판관이 있었다. 그 마을에는 과부가 하나 있었는데, 계속 찾아와서 억울함을 풀어달라고 했다. 처음에 재판관은 거부했지만, 계속 찾아와 괴롭히자 생각했다. '내가 비록 하느님도 두려워하지 않고, 사람들도 존중하지 않지만, 이 여자가 계속 찾아와 자신의 억울함을 풀어달라고 괴롭히니 더 지치기 전에 그녀의 소원을 들어줘야겠다.'"

이 이야기는 기도를 할 때 끈질기게 요구하는 것의 필요성을 다시 보여줍니다.

여러분이 기도하는 방법을 알게 되었을 때 세상 모든 사람이 기도를 실현시키기 위한 도구가 될 수 있음을 알게 됩니다. 여러분이 구원을 받는 동안, 그 도구가 되었던 사람들의 행동은 비난받았을 수도 있고, 혹은 사회적인 죗값을 치를 수도 있습니다. 하지만 그들의 행동을 일으킨 원인은 바로 여러분입니다.

순전히 이 법칙을 설명하기 위해, 개인적인 이야기를 하나 하겠습니다. 우리 사회는 다음 이야기에 나오는 여성의 행동에 대해 죄를 물었고, 또 그녀는 죗값을 치렀습니다. 하지만 그녀가 그런 일을 하게 된 것은 모두 제가 원인입니다. 제 이야기를 정당화하려는 것이 아닙니다. 만약 여러분이 이 이야기를 받아들일 수 없다면 죄송합니다. 그저 이 이야기에서 말하고자 하는 원리만 보시기 바랍니다.

제가 처음 이 이야기를 했을 때, 한 여성분께

서 굉장히 불쾌해하신 적이 있습니다. 그것에 대해 유감으로 생각합니다. 하지만 누군가가 술이나 고기 또는 담배, 섹스 따위를 최근에 끊었다면 다른 사람이 그가 이전에 했던 행동을 한다면 그를 비난하게 됩니다. 예전의 습관들과 너무 가까이 있기에 그렇습니다. 그분이 그런 경험을 했다는 뜻은 아닙니다. 저는 단지 하나의 원리에 대해 말하고자 할 뿐입니다. 자, 이제 그 이야기를 하겠습니다.

지금 아내와 결혼하기 위해서 이 법칙을 사용한 적이 있습니다. 그 당시 저는 굉장히 곤란한 상황에 처해 있었습니다. 저는 열여덟 살에 결혼해서 열아홉 살에 아버지가 됐습니다. 그 해에 우린 따로 갈라서게 됐지만 서류를 정리하지는 않았습니다. 따라서 서류상으로는 여전히 기혼인 상태였습니다. 16년이 지난 후, 지금의 아내와 사랑에 빠져 결혼하려고 했을 때, 저는 잠들 때마다 우리가 이미 결혼한 것처럼 상상했습니다. 제 몸은 호텔방에서 잠에 들었지만 상상 속에서는 그녀와 한 침대에서 자고 있었습니다. 그런데 제 댄스 파트너는 제가 결혼하는 것을 원하지 않았습니다. 그래서 헤어진 아내에게 제가 이혼하려 한다는 사실을 알리고, 그녀를 다른 곳에 머물게 해 찾을 수 없게 만들었습니다. 하지만 저는 사랑하는 이와 행복하게 결혼해 있다고, 계속 끈덕지게 사실로 받아들인 채 잠자리에 들었습니다.

일주일도 지나지 않아 한 통의 전화를 받았습니다. 다음 주 화요일 10시에 법원에 출두하라는 것이었습니다. 아무런 이유도 이야기하지 않아서, 그냥 친구가 장난친 거라 생각하고 흘려버렸습니다. 그날 아침까지 면도도 하지 않고, 옷도 편하게 입은 채로 있었습니다. 그런데 한 통의 전화가 걸려와 "오늘 아침에 반드시 법원에 출두하셔야 합니다. 당신의 아내가 지금 법정에 나와 있습니다"라고 전했습니다. 놀라운 일이었습니다! 저는 곧장 택시를 잡아타고는 개정하는 시간에 딱 맞춰 도착했습니다. 제 아내는 뉴욕에 있는 백화점에서 계산하지도 않은 물건을 몰래 가져가려다가, 현장에서 체포된 것입니다. 저는 그녀를 변호하기 위해 말했습니다.

"그녀는 제 아내이자 제 아이의 엄마입니다. 저희는 16년 동안 떨어져 지냈지만, 적어도 제가 아는 아내는 단 한 번도 이런 일을 저지른 적이 없었고, 앞으로도 다시는 저지르지 않을 겁니다. 저희 둘 사이에는 훌륭한 아이가 하나 있습니다. 아이는 저와 함께 살고 있는데 그 아이를 위해서라도 아내를 용서해주시기 바랍니다. 아내는 저보다 여덟 살이 많습니다. 어쩌면 아내가 겪은 어떤 감정적인 상태가 잠시 그런 일을 하게끔 만들었을 겁니다. 그녀에게 처벌을 내리시려 한다면, 부디 다시 한번 생각해 주십시오."

그랬더니 재판관은 저에게 말했습니다.

"여기 앉아 있으면서 이런 호소는 들어본 적이 없네요. 당신 부인이 말하기를, 당신이 현재 이혼을 원한다고 하던데 이런 이혼할 수 있는 확실한 기회를 얻었는데도 그녀를 용서해달라고 부탁하는군요."

재판관은 6개월의 집행유예를 선고했습니다. 재판정 뒤에서 저를 기다리던 아내가 이렇게 말했습니다.

"네빌, 정말 고마워요. 이혼 서류를 주면 서명할게요."

저는 서류를 아내에게 건넸고 아내의 서명을 받았습니다. 그렇다면 그녀는 왜 이런 일을 겪었을까요? 다른 곳에 살던 아내가 뉴욕에 와서 경찰에 붙잡히고는 재판을 받았습니다. 저는 이렇게 말하겠습니다. 세상 모든 존재는 여러분의 상상 속 결말을 이루기 위해 헌신할 것입니다. 여러분이 이 사실을 깨달았을 때, 이렇게 말하게 될 것입니다.

"아버지 그들을 용서하옵소서.
그들은 자신이 한 행동을 알지 못하나이다."

그들은 여러분의 뜻을 이루기 위해 어떤 충동 속에서 일을 한 것입니다. 마치 제 아내가 그랬던 것처럼 말이죠.

법칙을 설명하기 위해 이 이야기를 말씀드린 것입니다. 하느님은 전능하고 모든 곳에 편재하기에 여러분은 다른 누군가에게 소원을 들어달라고 도움을 요청할 필요가 없습니다. 하느님은 여러분의 경이로운 자아로서, 여러분 안에 존재합니다. 외부의 모든 존재는 여러분의 뜻을 이루기 위해 기다리고 있는 종이자 하인입니다.

여러분이 해야 할 일은, 원하는 것이 무엇인지 아는 것입니다. 소망이 이미 이루어졌음을 나타내는 장면을 마음속에서 구체적으로 구성하십시오. 그리고 그 안으로 들어가서 머무십시오. 여러분 상상 속의 카운슬러, 즉 성취되었다는 느낌이 그 장면과 일치한다면 상상은 현실로 드러날 것입니다. 일치하지 않는다면 새로운 장면을 만들고 다시 그 장면 속으로 들어가십시오.

그렇게 하는 데 어떤 비용도 들지 않습니다. 제가 상상했던 장면은 아파트의 침실이었고, 아내와 제가 한 침대에서 자는 것이었습니다. 더 이상 제가 호텔에서 혼자 자고 있지 않다고, 상상 속에서는 말했습니다. 그 상태 속에서 잠에 들었고 일주일 안에 이혼을 하기 위한 서류가 준비됐습니다.

성경에서는 이렇게 말합니다.

"무엇을 구하든 이미 받았다고 믿으라.
그러면 그대로 이루어질 것이다."

믿음에는 한계가 없고, 기도에도 한계가 없습니다. 여러분은 끈질기게 요구해야 합니다. 그러면 'NO'라는 대답을 얻지는 않을 것입니다. 직접 해보십시오!

제가 여러분에게, '여러분이 곧 상상력이다'라고 말할 때 그것은 단순한 비유가 아닙니다. 제가 이 연단에 서 있는 동안에도 눈 깜짝할 사이에 저는 이 건물 바깥에 서서 이곳을 보고 있는 것을 상상할 수 있습니다. 아니면 런던에 서서는 그곳에서 세상을 바라보고 있는 것을 상상할 수 있습니다. 어쩌면 여러분은 그런 것들이 단순히 환영일 뿐이라고 말할 수도 있겠죠. 그것이 단지 마음속의 영상일 뿐이라고요? 좋습니다. 그러면 저의 또 다른 경험을 이야기해보겠습니다.

제가 뉴욕에 있을 때 열일곱 살 된 제 조카가 암 말기라는 소식을 들었습니다. 저는 누이를 어떻게 위로할 수 있을까 생각했습니다. 그래서 누이가 사랑했던 아이는 살과 피로 덮인 조카의 육체가 아니라 조카의 영혼이라는 사실을 보여주기로 결심했습니다.

뉴욕의 제 침실에서 방문을 닫고는 침대에 누웠습니다. 누이는 바베이도스의 고향집에서 산다는 것을 알고 있었기 때문에 저는 조카가 있는 방 침실에 제가 있다는 것을 사실로 받아들였습니다. 그리고 누이가 조카의 방에 들어왔을 때 조카를 보지 못하고 저를 보게 되는 것을 사실로 받아들였습니다. 제 누이가 방에 들어올 때까지 이 상상 속에 푹 빠졌습니다. 누이는 방 안으로 들어와서 저를 쳐다봤고 깜짝 놀라 방을 빠져나갔습니다. 제가 누이를 봤고, 누이는 조카가 아닌 저를 봤다는 것이 충분히 실감나게 느껴지자, 그 경험에서 빠져나와 아내와 칵테일을 마시러 온 친구가 있는 거실로 돌아갔습니다. 열흘 후에 제 누이로부터 편지 하나를 받았습니다.

"오빠, 전 정말 이해할 수가 없어요."

그 상상을 했던 정확한 날짜와 시간을 말하면서 이야기를 계속했습니다.

"제가 아들의 방에 들어갔을 때, 거기서 오빠가 있었어요. 분명 뉴욕에 있을 텐데, 빌리는 보이지 않고 오빠만 그곳에 있는 것을 보고, 깜짝 놀라 방을 빠져나왔어요. 조금 무섭기도 해서 방을 나갔다가 다시 들어가 보니 그제서야 아들이 보였어요."

제가 그곳을 떠났을 때, 그때야 누이는 빌리를 볼 수 있었습니다. 제 존재가 상상력이라면 제가 상상 속에 있는 바로 그곳에 존재하는 것입니다. 제가 만약 어떤 장소에 현실과 같은 감각적인 생생함을 줄 수 있다면 2천 마일이나 떨어진 제 누이도 절 볼 수 있습니다.

저는 빌리의 생명을 구하지는 못했습니다. 조카는 죽었지만, 저는 제 누이에게 조카는 살과 피로 덮인 존재가 아니라는 확신을 심어주었습니다. 뉴욕에 있는 오빠가 바베이도스에 있는 누이에게 나타난 것으로, 누이는 육체 안에는 어떤 다른 무엇인가가 존재하고 영원한 죽음이란 없다는 사실을 알게 되었습니다.

여러분에게 말씀드리고 싶은 것은, 죽음의 세상으로 가지 않는 불멸의 존재가 우리 안에 있다는 것입니다. 의사들이 제 조카가 죽었다고 말했을 때에도, 그 안에는 영원한 삶을 지속하는 존재가 있다는 확신을 그날 밤 제 누이에게 심어줄 수 있었습니다. 조카는 어디로 갔나요? 이 세상과 같은 또 다른 물질적 세계에 젊은 소년으로 돌아가 태초부터 그를 위해 만들어놓았던 끝없는 여정을 계속합니다. 그 여정은 우리 안에서 예수 그리스도의 형상을 만들 목적으로 존재합니다. 빌리 안에서 예수 그리스도의 형상이 완성될 때, 빌리는 하느님과 하나인 예수 그리스도로서 깨어나게 될 것입니다.

상상 속에서 이동의 기술을 연습하십시오. 제가 뉴욕에 있을 때 저는 거실에 앉아 있었고 전화기는 복도에 있었습니다. 그때 저는 의자에 앉아 있는 동안 제가 전화기 앞에 있다는 것을 사실로 받아들이곤 했고, 제가 전화기 있는 곳에서 거실을 보는 것을 사실로 받아들였습니다. 제가 어디든 순식간에 갈 수 있다는 사실을 깨달을 때까지 이 연습을 계속 했습니다. 해보십시오. 아마도 제 누이가 저의 모습을 봤던 것처럼 누군가가 여러분이 실제로 있지 않은 장소에서 여러분을 보는 기이한 경험을 하게 될지도 모릅니다. 상상 속의 여행을 즐겨 해보십시오. 저는 지금도 늘 그렇게 합니다.

한 여성분이 있었습니다. 그녀는 제가 여전히 바베이도스에 있는 줄 알고 있었습니다. 그곳에서 저를 마지막으로 봤을 때, 저는 138파운드의 야윈 몸이었습니다. 그녀는 제가 좀 살이 붙기를 바라고 있었는데, 그 순간 제가 순식간에 그녀의 거실에 나타났습니다. 그때의 저는 바베이도스의 햇빛에 그을린 피부에, 바베이도스에는 없었던, 뉴욕에서 새로 산 회색 양복을 입고 있었습니다. 제가 그녀에게 말했습니다.

"시간은 존재하지 않습니다."

그리고 저는 사라졌습니다. 하지만 그녀는 이

런 일들에 익숙했기에 전혀 두려워하지 않았습니다.

여러분은 영혼입니다. 살과 피를 가진 조그만 육체 속으로 자신을 한정시키지 마십시오. 살과 피로는 하느님의 왕국에서 거할 수 없습니다. 그렇기 때문에 여러분은 그 가죽옷을 언젠가는 던져버려야 합니다. 그것을 던져버린 존재가 바로 불멸의 존재입니다. 그 존재가 바로 모든 생명의 아버지이신 하느님, 곧 여러분의 경이로운 상상력입니다.

이렇게 사는 것을 배우게 될 때 인생은 참으로 신나는 여정이 됩니다. 여러분의 삶은 충만하게 되고 결코 외롭지 않게 됩니다. 저는 거의 매일 집에서 성경을 읽고 명상하며 지냅니다. 눈을 감고 상상력을 이용해 세상을 여행합니다. 그 여행은 즐겁고, 동시에 배움으로 가득합니다. 이것은 제 의식을 넓혀 주고, 제가 본래 무한한 존재임을 더 자각하게 합니다.

오늘 본 성경 속 두 가지 이야기는 모두 끈질

긴 확신이 중요하다는 것을 보여줍니다. 기도할 때 무릎을 꿇고, 알지도 못하는 하느님에게 기도하지 마십시오. 대신에 침실로 가서는 여러분이 이미 원하는 존재가 되었다는 것을 확신에 차서 사실로 받아들이십시오. 원하는 것이 이미 현실로 이루어졌다는 생각 안에서 잠드십시오. 그 순간, 여러분은 이미 현재의 자신과 이루어진 자신을 이어주는 다리 위에 서 있는 것입니다.

다른 이를 위해서 이 아름다운 상상력을 사용해보십시오. 그는 자신에게 다가온 행운의 원인이 누구 때문인지는 알지 못할 것입니다. 그러나 여러분은 압니다. 저의 전처도 자신이 왜 그런 일을 했는지 몰랐습니다. 그녀가 그렇게 행동한다면 저는 자유를 얻게 되고 그녀는 불행해질 거란 걸 알았는데도 그녀는 왜 그런 일을 했을까요? 그녀는 어떤 보이지 않는 힘에 이끌렸습니다. 제가 바로 그 힘이었습니다. 여러분이 이것을 이해한다면 여러분은 모든 이의 행동을 용서하게 됩니다. 바로 우리가 그 일이 일어나게 한 원인이었기 때문입니다.

블레이크는 이렇게 말했습니다.

"왜 우리는
우리 안에 계시는 하느님에게 요청하지 않고
바깥의 하느님에게 떨며 도움을 구하고 있는가?"

여러분 안에 하느님이 거하고 계신데 왜 다른 하느님에게 기도하고 있습니까? 하느님이 여러분인 척하시는 것이 아니라, 실제로 여러분이 되셨습니다. 여러분이 만약에 자신을 살과 피에 한정시킨다면, 바로 그 한계 안에 하느님을 가두고 있는 것입니다. 왜냐하면 그 살과 피를 두르고 있는 존재가 바로 하느님이기 때문입니다.

여러분과 하느님 사이에는 어떤 중재자도 필요 없습니다. 저곳으로 가면 더 좋은 무언가가 있을 거라는 기대 속에서 이곳에서 다른 곳으로 가지 마십시오. 어디를 가든 여러분이 가는 곳에 문제가 따라 가게 되는 것이니, 바로 이곳에서 여러분의 문제를 해결해야 합니다. 절대 양보하지 마십시오. 원하는 것이 무엇인지 정한 후에 그것을 가졌다는 것을 사실로 받아들이십시오.

여러분의 세상이 바뀐다면 어떤 모습이기를 바랍니까? 여러분이 그곳에 있다는 것을 나타내는 한 장면을 구상하십시오. 내적인 마음의 구조가 여러분의 소원이 성취된 것과 비슷하게 된다면 그 작은 상상은 곧 사실이 될 것입니다.

그것이 이루어졌을 때, 다른 이들이 여러분의 이론에 대해서 어떻게 말하든 그것이 문제가 되겠습니까? 그 법칙을 직접 증명해내십시오. 그리고 그 경험을 다른 이들과 나누십시오. 그들도 자신들의 체험을 나누게 될 것입니다.

이 원리를 계속 다른 이들과 나누십시오. 우리는 하나의 몸이고, 하나의 주이고, 하나의 영이고, 하나의 신이고, 모든 것의 아버지입니다. 그렇게 자신을 선언하는 데 주저하지 마십시오. 사람들은 주 예수 그리스도를 바깥세상에 있는 어떤 작은 존재로 봅니다. 하지만 여러분 안에 존재합니다. 그를 볼 수 있다면 그도 여러분과 똑같은 모습을 하고 있는 걸 보게 될 것입니다.

최근에 한 친구가 자신이 경험한 아름다운 비

전을 제게 이야기해줬습니다. 그녀는 말했습니다.

“흰색 의복을 걸친 한 남자가 언덕 위에 서서 사원 입구에 달릴 차양을 만들고 있었어요. 제가 다가가서 보니, 차양에 쓰인 줄무늬는 반투명한 초록빛이었고 찬란하게 빛나고 있었어요. 그 남자가 뒤돌아보자, 그는 다름 아닌 네빌 당신이었죠. 그런데 동시에 미켈란젤로이기도 했어요. 당신은 제게 ‘다른 사람들의 눈에는 보이지 않지만, 영원한 시간 동안 저는 이 일을 해오고 있습니다’라고 말했죠. 저는 그 줄을 가지고 바구니 형태로 짰더니, 당신이 미소 지으며 ‘훌륭한 작품입니다’라고 칭찬했고, 저는 잠에서 깼어요.”

굉장히 아름다운 비전입니다. 저는 영원한 시간 동안 부활의 이야기를 말해오고 있지만, 그렇게 말하는 것을 살아있는 형태로 전해드리지는 못합니다. 그 이야기는 미켈란젤로의 피에타나 대리석으로 만든 다윗상처럼 여전히 죽은 형상으로 남아있습니다.

다른 사람들의 마음 안에서 다윗이 살아있게 만드십시오. 어머니의 무릎 위에서 잠에든 피에타에게 생명을 불어넣으십시오. 이 이야기는 모든 사람이 공유할 수 있는 자산이지만, 지금은 죽은 문자로만 남아있습니다. 하지만 인간의 상상력 안에서 생명을 부여받기 원하면서 잠들어 있습니다.

구원의 이야기를 극화하십시오. 그것을 연극이나 드라마로 만들어 미켈란젤로의 피에타가 생명을 얻게 하십시오. 저는 그 이야기를 직접 경험했기에, 그 이야기에 생명을 불어넣을 수 있었습니다.

인간의 모습에 대해 굉장히 많은 노하우를 지녔던 미켈란젤로는 대리석으로 죽은 형태를 빚어냈습니다. 젓가락 하나 만들지 못하는 저는 죽은 형체가 제 안에서 생명을 취하는 것을 경험해서, 그것을 살아있게 만들었습니다. 언젠가는 이 아름다운 이야기가 우리가 2천 년 동안 들어왔던 그 이야기가 아닌, 있는 그대로의 진실로 전해질 수 있기를 바랍니다.

이제 침묵 속으로 들어가겠습니다.

The Pruning Shears of Revision

교정용 가지치기 가위

이 가르침으로 죄지은 자들은 자유를 찾을 것이고
절대 다른 이를 비난하지 않을 것입니다.
왜냐하면
그리스도의 영이 여러분 안에서 깨어나게 되면
여러분은 그리스도 안에서는 어떤 비난할 것도 없고
오직 용서만이 있다는 것을 깨닫게 될 것이기 때문입니다.

오늘 아침의 주제는 "교정용 가지치기 가위"입니다. 여러분이 만약 이 교정용 가지치기 가위를 지혜롭게 매일 이용한다면 여러분이 이루지 못할 소망이란 존재하지 않는다는 것을 알게 될 거라 확신합니다. 말 그대로, 여러분의 능력을 넘어선 소망이란 없습니다.

제가 일곱 살이었을 때 한 노파가 이렇게 말했습니다.

"너에 대한 비전을 하나 보았는데 말해보마. 환상 속에서 이렇게 봤다. 네가 앞으로 어떤 일을 하게 될지는 모르겠지만 너는 어떤 일을 하게 될 거고 사람들은 수세기 동안 그 일을 무효로 만들지 못할 게다. 그리고 네가 죽은 후에도 네 명성은 계속 커져만 갈 거야. 먼 훗날 사람들은 인류를 위해 행해진 어떤 일을 논할 때 세 명의 이름을 언급할 것이고, 네가 그 중 한 명이 될 것이다."

저는 오늘 아침의 주제가 어렸을 때 들었던, 그것일지도 모른다고 느낍니다. 만약 제가 그것을 제대로 이야기하고, 여러분이 제가 한 말을 믿고 정말로 사용해본다면 여기서 뿌려지는 이 씨앗은 시간이 지나도 결코 사라지지 않을 것입니다. 바로 그것은 마법이고, 교정용 가지치기 가위라 불립니다. 여러분의 소망을 실현시켜줄

뿐만 아니라 매일같이 이용한다면, 여러분 내부에서 그리스도의 정신을 불러일으킬 것이고, 이것은 여러분의 죄를 영원히 씻겨줄 것입니다.

이 가르침으로 죄지은 자들은 자유를 찾을 것이고 절대 다른 이를 비난하지 않을 것입니다. 왜냐하면 그리스도의 정신이 여러분 안에서 깨어나게 되면 여러분은 그리스도 안에서는 어떤 비난할 것도 없고 오직 용서만이 있다는 것을 깨닫게 될 것이기 때문입니다.

여기에서 용서라고 말하는 것은 세상 사람들이 생각하는 것처럼 실제 복수를 하지 않는 것이 아닙니다. 용서란 우리가 용서해야 할 상대방을 그가 세상에서 원하는 모습과 하나 되게 만드는 것입니다. 우리는 우리가 기대하는 것이나 세상이 우리에게 하기 원하는 것을 상대방에게 해줍니다. 따라서 내가 세상 속에서 드러내고 싶은 이상이 있다면, 그것이야말로 내가 만나는 모든 사람에게 품어야 할 비전이 됩니다. 어떤 사람도 버려져서는 안 됩니다. 사람들 모두 본래의 모습으로 회복되어야만 하고, 나의 삶은 그 회복을 이루어가는 과정입니다. 나는 단지, 내가 세상에 드러내고 싶은 나의 이상으로 다른 이들의 모습도 그렇게 만들어, 그 일을 합니다.

이제 창세기 2장을 보겠습니다. 이렇게 말하고 있습니다.

"하느님께서 인간을 에덴의 정원에 두어
그것을 가꾸고 지키게 하셨더라."

이 이야기를 읽을 때, 많은 사람들은 그것이 수천 년 전에 일어난 일이라고 생각합니다. 하지만 이 일이 일어나고 있는 것은 바로 지금입니다. 여러분은 지금 에덴 정원에 있습니다. 그런데도 그곳에서 추방되어, 돌아가지 못한다고 생각합니다. 여러분은 에덴의 정원에 있고, 그곳은 바로 여러분의 마음입니다. 그러나 모든 정원사가 그렇듯, 여러분도 가지치기 가위가 필요합니다.

여러분은 창세기 2장에서 나온 것처럼 잠들었기 때문에 정원에 잡초가 보이기 시작했고, 그

잡초는 삶의 환경과 조건들 속에서 모습을 드러내고 있습니다. 여러분의 정원은 항상 외부 세계라는 스크린 위에 투영됩니다. 그래서 여러분 주변의 환경을 본다면, 여러분이 하느님의 정원에 무엇을 심었는지를 알 수 있습니다.

여러분에게는 하나의 사명과 목적이 있습니다. 그것은 재산을 긁어모으는 것이 아닙니다. 또 명성을 얻는 것도, 어떤 큰 권력을 잡는 것도 아닙니다. 물론 여러분이 원한다면 그렇게 할 수 있습니다. 하지만 진정한 하나의 사명은 하느님의 정원을 가꾸는 것입니다. 이것이 바로 여러분의 목적입니다. 여러분은 정원을 잘 가꾸고 유지하기 위해 정원에 머물러 있는 것입니다. 따라서 하느님의 정원에 오직 사랑스러운 것들만이 자라게 해야 합니다.

세상 사람들 모두, 이 세상을 바라보고 있는 여러분 안에 뿌리내려 있습니다. 모든 사람은 내 안에 뿌리내려 있습니다. 그리고 나는 하느님 안에 뿌리내려 있고 하느님 안에서 끝이 나는 것처럼, 그들도 내 안에 뿌리내려 있으며, 내 안에서 끝이 납니다. 저기 있는 사람은 내 안에서 뿌리내려 있기 때문에 그 사람은 단지 그 뿌리가 주는 것만을 드러낼 것입니다. 그렇기에 그들은 내가 허락한 본성 외에는 다른 것을 드러낼 수 없습니다. 그러므로 나의 세상 안에서 자라는, 내 눈에 보이는 것들을 바꾸기 원한다면 그것에 영양분을 주고 있는 내 안의 근원을 바꾸어야만 합니다.

"저쪽의 벌판을 보고 있나요?
참깨를 보더라도 놀라지 마세요.
저 참깨는 참깨 씨였습니다.
저 옥수수는 옥수수 낟알이었습니다.
침묵과 어둠은 알고 있었습니다.
그와 같이 인간의 운명도 생겨난다는 것을."

그러므로 외부에 보이는 것으로 판단하지 마십시오. 왜냐하면 여러분이 보고 있는 것의 근원은 여러분이기 때문입니다. 이제 내부로 시선을 돌려, 교정용 가지치기 가위를 이용해서 그것을 다듬으십시오.

자, 이것이 우리가 하는 방법입니다. 하루가 끝나갈 무렵에, 하루를 다시 돌아봅니다. 그것을 판단하지 말고 그냥 다시 돌아봅니다. 그렇게 하루 전체를 살펴봅니다. 하루의 모든 장면, 모든 사건, 모든 대화, 모든 만남. 그리고 그것들을 마음의 눈앞에 선명하게 떠올린 뒤, 다시 씁니다.

그것을 다시 써서, 내가 경험했으면 하는 이상적인 하루로 만들어갑니다. 장면 하나하나를 가지고 다시 써내려가고 교정합니다. 그렇게 교정된 하루를 상상 속에서 다시 살아봅니다. 그리고 그것이 현실과 같은 분위기를 취할 때까지 계속 반복합니다. 그러면 그 경험은 실제처럼 생생하고, 나는 정말로 그런 일을 겪은 듯 느껴집니다.

경험상, 이렇게 교정된 하루는 만약 제대로만 경험되었다면 나의 미래를 변화시킬 것입니다. 오늘 나를 실망시킨 사람들을 내일 다시 만나게 될 때, 그들은 나를 다시 실망시키지 않을 것입니다. 왜냐하면 내 안에서 그 사람의 본성이 변화되었기 때문입니다. 그 변화가 내 안에서 일어났기 때문에, 그는 그 변화를 증언하는 모습으로 내일 나타날 것입니다.

교정용 가지치기 가위로
이 마음이라는 정원을 아름답게 가꾸는 것,
바로 이것이 저의 의무입니다.

이렇게 자신의 소망들을 이루고 삶에 변화를 가져오는 것뿐만 아니라, 이 방법이 진정 영광스러운 이유는 이것을 사용하는 여러분 안에서 예수 그리스도의 영, 즉 용서의 정신을 일깨울 수 있기 때문입니다. 그때 여러분은 어떤 일에 대해 변명거리를 늘어놓는 것이 아니라 용서하게 됩니다. 그리고 자유와 용서는 하나이며, 결코 분리될 수 없다는 것을 깨닫습니다.

여러분이 누군가를 속박하고 판단하고 비난한다면, 그 판단이 여러분 자신을 묶어두게 됩니다. 왜냐하면 그 사람은 여러분 안에 있기 때문입니다. 따라서 여러분이 실현시키고자 하는 이상적인 모습으로 그 사람이 되어 있는 모습을 상상함으로써, 여러분 자신을 자유롭게 만들어야 합니다.

성서에서는 이렇게 말합니다.

"용서하라! 그러면 그대는 용서받을 것이다.
용서하지 않는다면 그대는 용서받지 못할 것이다."

이것은 자동적입니다. 모든 것은 그것을 보고 있는 여러분으로부터 솟아나오기 때문에 어쩔 수 없습니다. 그래서 여러분이 이 가지치기 가위를 사용하기 시작할 때 그리스도의 영이 여러분 안에서 용서의 정신을 일깨우고, 그때 사람들의 입에 오르내리던 2천 년 전의 예수가 자신임을 깨닫게 됩니다.

이 깨달음은 논쟁이나 설명으로 얻어지는 것이 아니라 직접적인 '앎'으로 다가옵니다. 말할 필요도, 설득할 필요도 없이, 여러분이 바로 그분이라는 사실을 그저 알게 됩니다.

그때 여러분은 히브리서 9장에 나온 말을 떠

올리게 될 것입니다.

그는 죄를 없애기 위해
자신의 자아를 희생 제물로 삼아 나타나셨더라.

여러분은 자신을 희생 제물로 만들어 죄를 씻는 사람이 자신임을 알게 될 것입니다. 그리고 자신을 희생 제물로 한다는 것은 자신을 불구덩이에 던지거나 십자가에 못 박는 것이 아니라, 자신이 믿고 사실로 받아들인 것들의 총체를 희생 제물로 내려놓는 것을 말합니다.

저는 한 여성분의 이야기를 들었습니다. 사람들은 그녀가 훌륭한 아내가 될 거라고 평가했지만, 그녀는 정작 결혼을 하지 못했습니다. 저는 그녀가 아주 품위 있는 사람과 동반자가 되기를 원했지만 아직 결혼하지 못한 상태였다는 이야기를 들었습니다. 그것은 이제 제 자아의 한 부분이자 제 앎의 한 부분이 되었습니다. 이제 저는 저의 자아를 희생 제물로 바쳐야만 합니다. 제 존재에 자리하는 그 여성분의 부분을, 저나

제 세상의 다른 것들처럼 행복한 것으로 만들어야만 합니다. 바로 그것이 내가 희생시켜야 할 자아이며, 그것이 죄를 씻는 일입니다.

신비가에게 있어 죄란 도덕적 규율을 어기는 것이 아닙니다. 그것은 단지 과녁을 빗나가는 것, 즉 삶의 목표를 이루지 못하는 상태를 의미합니다. 다시 말해서 신비가에게 죄란, 인생에 목적이 있는데 그것을 실현하지 못하는 것을 말합니다. 그러므로 '그리스도는 자신의 자아를 희생 제물로 삼아 죄를 없애셨다'는 말은 곧 자신의 믿음을 수정함으로써 빗나간 과녁을 바로잡는 일을 뜻합니다. 여기서 말하는 자아란 유일하게 자신이 동의한 모든 것, 자신이 받아들인 모든 것, 자신이 사실이라 믿은 모든 것의 총합입니다.

실업 상태인데 일자리를 구할 수 없는 사람에 관해, 나는 무엇을 믿는 것입니까? 나는 그가 실업 상태라고 믿습니다. 이제 그 사람이 자신의 과녁을 맞추지 못한다는 죄를 씻어버리십시오. 그리고 그 죄를 없애는 일은 오직 내 자아의 희생을 통해서만 이루어집니다. 나 자신이 그 믿음이기에, 나는 교정용 가위를 듭니다. 이제 나는 그것에 대해 다른 사람들처럼 그 사람이 실업 상태라고 당연하게 말할 수 없고, 그가 일자리를 찾았다고 믿습니다.

나는 교정용 가지치기 가위를 이용해서 그 일을 합니다. 나는 그 사람을 마음의 눈앞으로 데려와서는 그가 이제 보수가 있는 일자리를 구했기 때문에 그의 행운에 축하를 보냅니다. 더 이상 나의 눈에 일자리를 찾지 못한 사람이 존재하지 않습니다. 나는 마음의 눈앞에서 그 사람이 고용되어 있는 것을 봅니다.

그 순간 나는 하느님의 정원 속에서 자라던 '실직'이라는 가지를 잘라내고, 그 자리에 새로운 '성취의 가지'를 심은 것입니다. 내일 사람들은, 내가 내면에서 가지치기하기 전에는 결코 볼 수 없었던 모습으로 그를 보게 될 것입니다. 그는 실제로 좋은 일자리를 얻게 될 것입니다.

여러분을 불쾌하게 만든 사람이 있다면 그 가지를 베어냅니다. 여러분이 세상에서 실현시키기 원하는 이상과 부합하지 않는다면 그것을 최종적인 것으로 받아들이지 마십시오. 그러나 이것은 매일 해야 합니다. 매일 가지치기 하지 않는다면 습관이라는 잡초가 자라나 정원을 뒤덮게 될 것입니다.

우리 모두는 정말 정원사입니다. 매일매일 우리에겐 정말 이 멋진 나무를 다듬을 기회가 주어집니다. 여러분이 만나는 사람들 모두는 여러분이라는 포도나무에 뿌리내려 있는 가지이기 때문에 하느님은 우리를 정원사, 즉 하느님의 정원에 있는 정원사라고 부릅니다. 여러분은 하느님의 정원에 있는 특별한 나무입니다. 생명을 실어 나르는 나무, 모든 사람이 음식으로 먹을 수 있는 열매를 가져오는 하나의 나무입니다. 여러분이 바로 그런 존재입니다.

만약 제가 한 말을 여러분이 오늘 진지하게 시험해보려 한다면, 오늘 밤, 낮의 고민들을 가지고 해가 저물게 놔두지 마십시오. 그것을 거부하지도 말고 회피하지도 말고 그냥 그대로 보십시오. 그래야 가지치기하고 새롭게 빚어낼 수 있습니다. 오늘 친구와 나눈 대화를 떠올려 보십시오. 그것이 즐거웠습니까? 아니면 논쟁이었습니까? 어떤 것이든 관계없습니다. 혹시 부정적인 느낌이 있었다면, 그 대본을 새로 쓰십시오.

그리고 이제 막 다시 써 내려간 그 장면이 처음부터 그렇게 일어났던 것처럼 상상 속에서 다시 재현하십시오. 그러면 그것은 현실이 될 것입니다. 왜냐하면 여러분이 보는 여러분의 세상 모든 것은, 그것이 바깥세상의 것처럼 보이더라도 사실은 여러분 내면의 상상력 속에 존재하기 때문입니다. 여러분의 경이로운 상상력은 예수 그리스도입니다. 그 상상력은 창조된 모든 것이 실제 거주하는 자리입니다. 여러분이 세상에서 무엇을 볼지라도 그것은 여러분의 상상력에서 나온 것입니다. 그곳이 바로 여러분이 일하는 곳, 여러분의 작업실이자 하느님의 정원입니다.

이제 여러분에게는 하나의 사명이 주어졌습니다. 삶의 목적이 생겼습니다. 그것은 고귀한 목적이며, 하느님의 정원에서 최고 정원사로 선택되었기 때문입니다. 정원사인 여러분에게는 가지치기 가위가 필요합니다. 그 가지치기 가위는 경험을 새로 쓰는 것입니다. 여러분은 그저 하루를 교정합니다. 여러분이 이렇게 그날을 교정했을 때 여러분은 그날을 무효로 만들고 새로 쓴 것입니다.

오늘 겪은 일은 과거로 사라져버리는 것도 아니고, 사람들이 생각하는 것처럼 뒤에 남겨지는 것도 아닙니다. 오늘 하루는 교정용 가위로 잘 가꾸어진 모습이든 생소한 잡초로 무성한 모습이든, 여러분을 다시 만나기 위해 미래로 나아갑니다.

미래에서 어떤 모습으로 만나느냐는 문제는 전적으로 우리에게 달렸습니다. 저는 오늘 이곳에 계신 모든 분이 제 말을 진지하게 받아들여, 지금 이 순간부터 여러분의 마음이라는 정원을 가꾸는 일을 시작하셨으면 합니다.

제가 2주 후 이곳을 떠나기 전, 여러분은 여러분 세상에서 피어난 것들, 즉 여러분의 사랑스러운 상상력이라는 나무를 가지치기해서 새로 피어난 새싹들을 제게 말할 것입니다. 시도해보십시오. 그러면 여러분은 블레이크가 한 말을 이해하게 될 것입니다.

"하늘나라에서 살아가는 유일한 기술은
잊는 것과 용서하는 것이다."

삶의 유일한 기술은 마음의 자리에 아무것도 없게 만드는 것이 아니라 그 자리에 새롭고 올바른 것을 채워 완전히 잊는 것입니다.

그러므로 신문에서 이상한 이야기들을 읽더라도 그대로 무시하십시오. 그것들은 아무 의미도 없습니다. 자신을 지도자, 양떼들의 목자라고 자처한 사람들은 다른 것들을 이단으로 배척했습니다.

그들은 세상 모든 것이 영원히 존재하기 때문에 그 어떤 것도 버려야 할 것은 없고 오직 그것을 다듬고 자신이 이상으로 삼은 것에 맞춰 만들어야 한다는 것을 모른 채, 하나도 아닌 모든 종교를 파문시켰습니다.

자신의 하루를 교정하지 않는 사람은 그 진리

를 모르거나, 삶을 변화시키는 예수의 영이 활동하는 참된 비전을 잃은 사람입니다. 그러므로 그 어떤 것도 버려서는 안 됩니다. 단지 가지치고, 교정하고, 새롭게 만듭니다.

타임지의 최근 기사에는 스피노자라는 위대한 영혼에 관한 이야기가 실렸습니다. 스피노자는 철학의 세계에 매우 큰 영향을 주었고, 그가 이 땅에 있었다는 이유로 많은 사람들은 풍성하게 삶을 살아갔습니다. 그리고 300년이 지난 지금, 이스라엘의 전 총리인 벤구리온은 랍비 지도자에게 300년 전에 제정된 파문의 법을 폐지시킬 것을 요청했습니다. 랍비들은 벤구리온에게 자신들은 선조들이 만든 것을 폐지할 수 없고 그 저주는 영원히 남는다고 말했습니다. 그래서 여러분은 그 어리석은, 아주 어리석은 저주를 타임지에 실린 그대로 보아야만 했을 것입니다.

랍비들은 마치 천사가 저주를 행할 수 있는 것처럼, 스피노자를 저주하기 위해서 모든 천사를 불렀습니다. 그 누구도 그와 말해서는 안 되고, 그 누구도 그에게 어떤 친절을 보여줘서는 안

되고, 그 누구도 그에 관해서 글을 써서는 안 되고, 그가 쓴 것을 누구도 읽어선 안 된다고 선언했습니다. 이것이 300년 전에 벌어진 일입니다.

스피노자를 저주한 랍비들은 오랫동안 사람들에게서 잊혔습니다. 설령 그들의 이름이 남아 있다 하더라도 오직 그들의 저주에 관한 이야기일 뿐입니다. 그 랍비들이 누구였는지는 아무도 기억하지 못하지만, 스피노자의 글을 읽은 사람은 그를 잊을 수 없습니다. 여기 모인 청중들도 모두 스피노자가 했던 말을 인용해보았을 것입니다. "자연은 진공을 싫어한다"라고 말한 사람이 바로 스피노자라는 것을 알고 계셨나요? 우리는 지금도 그 말을 사용하고 있고, 저 역시 그 말을 사용하고 있습니다. 그 말의 출처는 스피노자였습니다.

300년이 지난 후에도 철학의 거인이 아직 있기 때문에 자신을 무리를 이끄는 지도자, 혹은 목자라고 자처하는 이들은 작은 마음을 지닌 사람들입니다. 그 사람들은 돌아가서 예레미아서를 다시 읽어야 합니다.

"목자인 그대는 나의 포도나무를 망쳤고,
나의 정원에 들어온 그대는
나의 포도나무를 뽑았더라.
이제 어떤 포도도 잎도 없고,
예루살렘의 정원은 잡초로 뒤덮였더라."

이것은 예레미야가 스스로를 목자라고 부르던 사람들이 눈먼 지도자로서 눈먼 자들을 이끄는 것을 보면서 한 통곡이었습니다.

오늘 제 말을 그대로 받아들이고 실천해 보십시오. 여러분은 제게 아무것도 빚진 것이 없습니다. 그저 시간을 나누었을 뿐입니다. 이제 돌아가서 여러분의 아름다운 상상력을 가지치기하는 일을 오늘 바로 시작하십시오.

나쁜 사람이라고 생각되는 사람이 있나요? 그 사람을 여러분의 마음의 눈앞으로 데려와서 부드러운 영혼, 사랑스러운 영혼으로 생각하고 가장 따뜻하고 사랑스러운 대화를 나누고, 그것이 실제라고 믿으십시오. 여러분이 진심으로 그렇게 할 수 있다면, 그 순간 여러분은 이미 천국에 들어가 있는 것입니다. 천국이란 멀리 있는 장소가 아니라, 사랑을 통한 교감 속에서 열리기 때문입니다.

이렇게 함으로써 그 사람을 나쁘다고 인식하는 것을 멈추고 친구로 만드십시오. 그의 모습이 어떻든 상관하지 말고, 설사 그가 미웠던 사람이었더라도, 여러분은 그의 모습을 가지치기할 수 있습니다. 그렇게 그를 다듬는 순간, 여러분은 인간을 위해 맡겨진 일을 수행하는 것입니다. 왜냐하면 여러분이 바로 그 사람이기 때문입니다.

여러분은 오늘 에덴의 정원에 놓여 그것을 가꾸고 지키도록 선택된 존재입니다. 여러분의 세상에 잡초가 자라게 놔두지 마십시오. 여러분의 세상에서 만나는 모든 존재는 전적으로 여러분의 책임입니다. 정말 여러분의 책임입니다.

한 여교사는 자신의 제자가 퇴학을 맞을 시기에, 지금 제가 말씀드린 '교정용 가지치기 가위'의 강의를 듣고는 자신의 하루를 교정했고, 그 결과 아이가 퇴학당하는 것을 막을 수 있었습니다. 그 아이는 무례하고 버릇없고 패륜적이었기 때문에 교장 선생님과 상담의들을 포함한 모든 교수진이 만장일치로, 열여섯 살 생일에 퇴학시키기로 합의했었습니다. 그러나 그녀는 일요일 밤 집으로 가서는 마음의 눈앞에 그 아이를 불러내고 아이와 이야기를 나눴습니다. 그녀는 그곳에서 상냥하면서 사려 깊고, 사랑스러운 아이의 모습을 보았습니다.

다음 날인 월요일, 아이는 전날 밤 교정한 그대로 훌륭한 모습을 보였습니다. 그리고 열흘 후에 모든 교수진과 상담의의 눈에도 아이의 그런 모습이 목격됐습니다. 회의가 다시 주관되었고 열흘 전의 결정이 취소되어 아이는 쫓겨나지 않았습니다. 아이는 뉴욕시에 있는 조지 워싱턴 고등학교에 여전히 다니고 있습니다. 그 학교는 굉장히 좋은 학교로 알려졌습니다. 아이는 그곳에서 어떤 나쁜 평도 없이 지금까지 잘 지내고 있습니다.

그 일을 만든 것은 한 교사가 여러분이 들었던 것과 같은 강의를 들었기 때문입니다. 지금 여기 모인 분들 모두가 믿기 바라는 것을 그녀는 믿었고, 자신의 나뭇가지 하나를 원상태로 회복시켰습니다.

이전에는 그녀도 그 아이가 곧 자신이었다는 것을 몰랐습니다. 그 당시에는 자신이 가르치는 아이들 모두가 자신과는 분리된 바깥세상의 아이들이라고 생각했습니다. 눈먼 자에게 비친 세상은 외부적인 것, 자신과는 별개의 것이 됩니다. 하지만 눈먼 자가 깨어나기 시작하면 모든 것이 자신과 주관적으로 연결되어 있음을 보게 됩니다. 만나는 모든 것을 자신의 일부로 여깁니다. 그가 지금 이해하지 못하는 것조차도, 자신의 존재 안에 아직 실현되지 않은 어떤 힘과 연관되어 있음을 알게 됩니다.

그것을 깨달은 이는 그 어떤 것도 버리지 않고, 자신의 삶을 회복의 과정으로 인식하면서, 교정용 가지치기 가위로 그것을 회복시킵니다.

만약 제가 지금 말씀드리는 것이 제가 일곱 살 때 그 노파가 말했던 것이라면, 저는 여러분이 이것을 거짓으로 입증하지 못한다는 것을 알기에, 이 3차원적인 세상에서 정말 어느 때라도 편히 눈을 감을 수 있습니다. 여러분은 이것을 사용하지 않을지도 모르지만 결코 이 교정의 기술을 거짓이라고 증명하지는 못할 것입니다.

그리고 이 기법을 사용하려는 사람은 누구라도 인간이 상상할 수 있는 것을 넘어서 올라설 수 있으며, 그렇게 솟아올라 용서의 정신을 일깨울 것입니다. 그 사람은 머지않아 사업이 잘 풀리고, 수입도 늘어나는 등 여러 성과를 얻게 되지만, 곧 그것들이 목적이 아니었다는 사실을 깨닫게 됩니다.

그런 것들은 단지 자신에게 유희를 제공해주는 장난감일 뿐이며, 그 안에서 예수 그리스도의 영이 깨어날 때까지 자신을 달래줄 뿐입니다.

그때 부에 대한 유희를 넘어서, 사회의 회복, 즉 세상 모든 사람의 회복이라는 완전히 다른 사명을 보게 됩니다. 그것은 아버지의 뜻을 행하기 위해 온 진정한 사명입니다.

요한복음 6장에서는 이렇게 말합니다.

"이것은 내 아버지의 뜻이니,
그분께서 내게 주신 것 중 하나도 잃지 않고,
다시 일으켜 세우는 것이다."

어떤 것도 잃지 않습니다. 파문하지도 않고 지워버리지도 않습니다. 여러분은 단지 그것을 다시 일으켜 세우며, 그 일을 할 때 여러분도 함께 세워질 것입니다. 이 여정은 영원히 계속될 것입니다. 여러분은 자신의 경이로운 상상력 안에서 끝없이 위로 뻗은 수직선 위를 오르고 있으며, 여러분이 다른 이들을 올라가게 할 때 오직 그 때에만 여러분도 그 정상으로 올라갈 수 있습니다. 눈먼 자들은 자신만 구원할 수 있다고 여기기 때문에, 다른 이들을 버려도 된다고 생각합니다. 수백 년 전에도 눈먼 자들은 그렇게 말했지만, 이것은 잘못된 말입니다.

바리새인과 자신들을 지도자로 생각했던 최고 평의회의 말속에 이 이야기가 드러나 있습니다. 우리는 우리 주위 사람들을 구원함으로써, 오직 그렇게 함으로써 자신을 구원할 수 있다고, 저는 감히 말하겠습니다. 진정한 자아를 깨워 구원하는 길 외에는 자신을 구원할 방법이 없습니다.

사람들 모두 그들을 바라보고 있는 여러분 안에 뿌리내려 있습니다. 그러니 누구도 내버리지 마십시오. 그냥 그들을 일으켜 세우고 나무를 아름답게 가꾸십시오. 그리고 하느님의 정원에서 참된 정원사가 되십시오.

여러분은 오늘 여러분의 아이에 대해서 이 방법을 사용할 수도 있고, 아니면 지금도 계속해서 생기고 있는 많은 소망에도 이것을 사용할 수도 있습니다. 반드시 응답할 것입니다. 어떤 것도 버려서는 안 됩니다.

이 법칙이 어떤 이에게는 불가능하다고 말하지 마십시오. 여러분의 상상력 안에는 불가능이 없으며, 그 상상력이 바로 예수 그리스도입니다. 그분과 함께 모든 것은 가능합니다. 예수 그리스도를 사용하고 흔들어서, 깊은 잠에서 깨어나게 하십시오. 그분은 오랜 기간 동안 잠들어 있었습니다.

그분은 잠들어 있었기 때문에 이런 기형적이

고 낯선 상태들을 꿈꾸어 현실로 만들어냈습니다. 세상은 오직 여러분이 상상력을 잘 사용했는지, 잘못 사용했는지에 대한 증거만을 가져옵니다. 우리가 알고 있듯이, 예수 그리스도는 세상에서 유일한 존재입니다. 세상에서 유일한 존재인 예수 그리스도는 누구입니까? 바로 여러분의 상상력입니다. 모든 창조물이 그 안에 거하며, 그를 통해 모든 것이 만들어졌고, 그 없이는 만들어진 것이 아무것도 없습니다.

그래서 아름다운 상상력을 지혜롭고 사랑스럽게 다른 이들을 위해서 사용하십시오. 그렇다면 여러분은 말 그대로 하느님과 인간 사이를 중재하게 됩니다.

상상력은 세상을 회복하는 힘이며, 여러분이 사랑스럽고, 아름다운 방식으로 상상력을 사용할 때, 여러분은 실제로 하나님과 인간 사이를 중재하는 존재가 됩니다.

침묵 속으로 들어가겠습니다

서른세개의 계단 도서 목록

상상이 현실을 창조한다

세상은 당신의 명령을 기다리고 있습니다

초　판 1쇄 2008년 9월 12일
개정판13쇄 2026년 1월 1일

지 은 이　네빌 고다드

번　　역　이상민

윤　　문　김의숙

펴 낸 곳　서른세개의 계단

I S B N　978-89-960939-4-7

pathtolight@naver.com